引爆流量

—— 微信小程序运营与推广 ——

姜开成 编著

清华大学出版社
北京

内容简介

"私域流量池"和"超级IP"是近几年企业及创业者最喜欢的热词。无论市场如何风云变幻,企业的私域流量池都会是永不断联的用户触点,是营销资源的沉淀中台、转化链上的闭环收口,也是品牌长效增长的驱动涡轮。

扎根于腾讯生态的微信小程序,以独特的私域流量池价值受到众多品牌主、创业者青睐。

如何借助"私域流量池"和"超级IP"两大抓手实现收入的指数级增长?关键是引爆流量,使命便落在微信小程序"身"上了。这就是本书的核心思想。

本书共分8章,以"收入增长"的战略思维,围绕"引爆流量",详细且系统地介绍了企业小程序商业价值、小程序重构企业商业模式、企业小程序差异化定位、企业小程序战略布局、企业小程序搭建流程、企业小程序的破局点、企业小程序流量模型、企业小程序互动营销等热点知识。

本书适合于淘宝、京东、天猫店长及运营者以及小程序创业者、企业管理者学习,也可作为全国各高校电子商务、互联网运营院系学生的学习教材。

本书封面贴有清华大学出版社防伪标签,无标签者不得销售。

版权所有,侵权必究。举报:010-62782989,beiqinquan@tup.tsinghua.edu.cn。

图书在版编目(CIP)数据

引爆流量:微信小程序运营与推广 / 姜开成编著. —北京:清华大学出版社,2022.1
ISBN 978-7-302-59429-1

Ⅰ.①引⋯ Ⅱ.①姜⋯ Ⅲ.①网络营销 Ⅳ.①F713.365.2

中国版本图书馆CIP数据核字(2021)第221437号

责任编辑:张　敏
封面设计:郭　鹏
责任校对:胡伟民
责任印制:朱雨萌

出版发行:清华大学出版社
网　　址:http://www.tup.com.cn,http://www.wqbook.com
地　　址:北京清华大学学研大厦A座　　邮　编:100084
社 总 机:010-62770175　　邮　购:010-83470235
投稿与读者服务:010-62776969,c-service@tup.tsinghua.edu.cn
质量反馈:010-62772015,zhiliang@tup.tsinghua.edu.cn

印 装 者:小森印刷霸州有限公司
经　　销:全国新华书店
开　　本:170mm×240mm　　印　张:11.75　　字　数:305千字
版　　次:2022年3月第1版　　印　次:2022年3月第1次印刷
定　　价:59.00元

产品编号:092664-01

推荐序

微信小程序,不再"小"了

小程序发展至今,已有近五年时间,时间虽不长,但流量惊人,影响深远。无论是从使用习惯还是应用场景层面上看,小程序已不再"小"。

作为一名私域流量操作手,小程序是企业最重要的商业闭环支撑点,与姜开成老师的交流,使我醍醐灌顶,我决定把更多核心资源倾注于此。今天很荣幸受邀为姜老师的新书作序,这是一本可以帮助小型创业者实现梦想,帮助传统企业抓住新社交红利的实战型书籍。

1. 有缘结识姜老师,相见恨晚

认识姜老师,是一种福分。通过我爱人推荐,我们约定在北京一家咖啡厅会面,交流未来互联网的发展方向。那是我们第一次见面,聊得很投入,价值观高度一致,彼此都有相见恨晚的感觉,以致谈到深夜才结束。

那一次之后,我们就开始高频交流,为我后期私域流量运营体系搭建和打造竞争对手难以复制的商业模式,提供了至关重要的破局思维。

在商业模式设计和电商运营领域,姜老师有着较深的建树,这是一个资深互联网操盘手才会有的认知。我还记得2016年微信刚推出小程序的时候,我们这些互联网老兵每次聚在一起谈论最多的就是小程序商业生态的机会。我们足足摸索了3年,却依然没有找到真正适合自己的方式和切入点,后来我买了很多书,其中居然就有姜老师写的《小程序电商运营宝典:平台电商、社交电商全新变现之道》那本书。书中深度解析的案例和生动的讲解不失高度,给了我很大的启发。基于小程序的裂变玩法,我们尝试了很多姜老师提供的方法和策略都收到了很好的效果。

2. 荣幸受邀为姜老师新书作序

因《小程序电商运营宝典:平台电商、社交电商全新变现之道》一书对我的影响很大,我要求公司的同事人人必读,提升全员对小程序的商业认知。当接到姜老师的电话,说又出了一本新的微信小程序书籍,想邀请我作序,我立即答应了。

姜老师把稿子发给我看了一遍之后,我发现这本书把微信小程序五大核心能力(闭环商业系统的打造、构建自裂变的私域流、打造竞争对手难以复制的商业模式、打造超级爆品、用户关系递增模型）分析得如此透彻，让我感到震撼。该书既有方法论，又有案例，让任何水平阶段的互联网运营者、创业者，一看就会，一用见效。

3. 小程序缩短商业交易路径

在移动互联网时代，很多信息和服务都被封装在一个个App里，导致App形成了一个个的信息孤岛，它们相互之间无法交换信息。但小程序却能被系统统一检索到，甚至可以直接搜索到小程序里面的内容。可以说，小程序的出现彻底改变了这种信息孤岛化的局面。

以电商平台为例，在信息孤岛的逻辑下是看（商品）、转（电商平台）、找（搜索）、查（评价）、问（商家）、买（购买）六个步骤，而加入小程序后就可以缩减到两步：看和买。

这个过程的缩减正是因为小程序缩短了操作步骤以及省去了App之间的切换成本，从而带来更好的用户使用体验和销售效率的提升。本书围绕这一极简逻辑，系统地阐述了对应的商业布局，教你如何以小程序"净化"用户关系，打造更极致的体验，形成口碑裂变。

4. 借助小程序，搭建企业的生态圈

未来互联网行业的竞争，不再是单兵作战，而是上升到生态圈的新高度。

借助小程序，运营者可以搭建、完善自身生态圈，成为移动互联网的基础设施，并将流量分发的权利牢牢攥在自己手中。我正是反复读了两遍姜老师这本新书，才下定决心，将过去操盘的经典私域流量运营案例，重新优化为"引流"产品，通过对资源的整合与技术的开放，搭建一个由小程序为载体的"用户""商户"双边生态圈，拥有完全由我和团队主宰的"鱼塘"。

我相信，正在阅读本书的你，也会与我一样，能够充分发挥小程序的连接能力，学会如何打造由你自主掌控的商业生态，为实现个人、企业的梦想打开一扇窗。

爱兔币创始人、亿万私域流量操盘手　梁星宇

推荐语

随着品牌自营小程序生态进入高速发展期,小程序已成为品牌全渠道数字化经营的标配资产。本书从商业底层到精细化运营,讲授从全局视角激发小程序势能,值得用心读一读。

电商视觉标准创始人　朱华杰

现在的生意和过去的生意完全不同,一个人就是最小的经营者,一个微信就是最小的经营单元,人就是店,店就是微信,门店和网店只是人的外挂,所有的企业都要把公司建在微信之上,用私域流量池经营自己的客户资源。本书汇聚了姜开成老师的实战经验,讲授轻松学会搭建高价值的私域流量池,利用小程序的连接能力,形成自增长的闭环商业体系。

桔子会创始人、社群商业模式第一人　廖江涛

小程序的线上流量依赖微信生态,具有强社交属性,这意味着需利用好社交心理,才可以通过社交网络获得裂变式的爆发。而小程序的线下流量主要基于LBS的场景化服务,充当着打通线上线下连通环节的关键角色。通过线上线下共计50余个入口进入小程序,用户和服务者可以享用微信生态中的支付、卡券和内容等基础设施体系,构建良好的用户体验。姜开成老师是我见过且为数不多的小程序运营专家,这本书是他呕心力作的优秀作品,有战略高度,也有实操方案。

万物通创始人、微信战略专家　王军

在互联网和社交媒体蓬勃发展的背景下,企业面对不断迭代的营销环境,不可能再回到传统的销售方式,需结合新的媒介形式和载体,打通消费人群所在的社群,进行社交化的营销推广。而传统的企业品牌已无法完成这个转变,因此针对目标消费人群的调

性和需求，设计不同的小程序，培育新的品牌进行微信社交营销就成为发力重点。阅读这本书，就可以像按照菜谱做菜一样，为你引爆流量增长的大餐。

桔子会联合创始人、私域流量落地专家　李海东

用户生命周期运营就是在用户必定流失的前提下，尽一切可能延长用户的生命周期，并且在生命周期中尽一切可能产生商业价值。这本书以流量裂变及价值网为主线，讲授如何激发小程序势能，使其用户关系由弱递强，有效延长用户生命周期，建立竞争护城河，值得精读。

弘道书店、梯田教育创始人　龙挺

小程序在持续通过微信生态能力，帮助企业/创业者创新技术应用和商业模式，做好品牌的"生意助手"，让品牌在用户、营收、数据资产等方面实现全面增长。在姜开成老师的指导下，我们更坚定地笃定小程序与大数据，并获得了一定成果。推荐阅读姜老师这本书。相信你读完后会跟我一样，更明确小程序的战略定位。

益华鼎泰创始人、益华书业大数据平台总架构师　冯兵

很多时候，在一个组织或者一家公司的发展过程中，随着团队的规模和成员越来越多，目标容易分散；一旦目标分散，我们就很难达到最终的目标。这本书以"小程序"作为单点，用理论与案例相结合的方式，讲述企业如何利出一孔，快速实现新的增长，值得一读。

中国人民大学公共管理学院城市与区域发展研究中心主任　刘云华

小程序已成为各行业加码经营能力的标配工具。以"流量、数据、体验"为三大发力点，构建企业全渠道数字化经营。推荐阅读姜开成老师这本新书，书中梳理一套具有增长能力的小程序运营体系。

车托帮帮主、天使投资人　吕春维

流量不是终点，它是推动传统行业升级的动力。在创造新型流量的基础上，带动行业发生结构性的变化，是小程序存在最大的意义。推荐阅读姜开成老师这本新书，抓住微信生态全系流量红利。

原阿里铁军、零壹聚成 CEO、智造界咨询首席顾问　吕游

小程序是与私域流量建立稳定关系的重要通道。基于微信生态圈的循环扩张，可以使 IP、产品、流量、交易、反馈、复购等电子商务关键环节无缝衔接。在人人都是 IP 的网络社交时代，成交工具繁杂，而小程序是其中最便捷、最省钱的工具之一，用好小程序等于建立一支懂社交的技术团队。作者姜开成老师在小程序方向深耕多年，在我建立咖粉豆俱乐部初期他给予很大帮助，会员们都成了姜老师的"铁粉"。姜老师非常耐心地与"粉丝"一一交流，帮助他们解决小程序、传统企业转型、公司 IP 及个人 IP 建立等方面的问题。此书是姜开成老师在该领域的第二本呕心力作，可当工具书使用，是电子商务相关行业及传统企业转型必备良书。

咖粉豆俱乐部创始人、电子商务电子政务专家　陈熙予

前言

小程序互联网是数字化时代的主旋律

据有关数据显示，在过去10年内，中国有超过11亿国民被智能手机和4G、5G网为代表的移动互联网大潮裹挟着加入了一场惊心动魄的奇幻之旅，即在线聊天、看视频、购物、社交、娱乐成为每一个国民的日常标配。

社交娱乐的互联网化最易，也最浅层，改变的是人与信息的关系，并没有从实质上改变人与物理世界的关系，改变商业社会的游戏规则。

仅限于浅层连接的商业模式，极度依赖用户规模的横向扩大，但一旦连包括下沉市场在内的人口红利也消失了，那些靠买量为主的流量游戏，靠上瘾机制来强行留住用户的把戏就会陷入停滞，过去靠高增长支撑起的高估值就会失效。仿佛一夜之间，潮水退去。

当人口红利论难以维持时，能够节约用户时间、提升商业效率的产品与服务，或许将迎来增长机会。

属于App互联网时代的，靠装机量飞速增长驱动的泡沫游戏结束了。腾讯在2018年9月底宣布进军产业互联网，就是一个极其明显的信号：外延式增长的路径到头了，接下来进入内生式增长的周期。

与此同时，另一边是微信小程序的飞速崛起。

1. 当人口红利消失时，基于服务价值的微信小程序会变得更有想象力

小程序本身作为一个新物种的爆发，可以助力传统企业快人一步抢占万亿市场红利。

从Web到App，技术的演进反而让服务与服务之间形成了孤岛。从下载、填写账户名、输入验证码、注册、输入密码、绑卡直到实名认证，每一步都是损耗。让用户和商家都难以顺畅地获取和提供服务。无法自由跳转带来的极高获客成本，也让创业生态极其难以突破冷启动。小程序和App的痛点针锋相对，从用户的角度看，无须下载注册，即用即走；从开发者角度看，易开发、易部署，同时多端打通，自由跳转。

近年微信视频号的横空出世，进一步为小程序赋能，使其小程序商业能力被快速放大，让每个企业、个人都可以快速打造超级IP与可持续裂变的私域流量闭环体系，这背后巨大的市场潜力已经不言而喻。同时，移动互联网走到下半场，流量获取的成本已经高到无法想象，新的流量窗口意味着传统企业新的春天。

小程序推崇"用完就走"的理念，任何一个工具都是帮助用户完成一个任务，效率越高越好。对于企业和品牌来说，要想提升速度，就需要将小程序的功能简单化和高效化，利用小程序帮助传统企业给用户提供更好的体验。通过体验的提升，强化用户对品牌的黏性、忠诚度、互动频率，最终提升复购率与口碑传播。

2. 全面的商业竞争时代，小程序助力企业构建竞争护城河

在微信生态下，小程序给予传统企业重生的机会，尤其是社群营销、直播、短视频的齐聚爆发。通过在微信小程序中拼团裂变、直播互动，拼多多在两年时间内做到了3亿用户、千亿成交总额，成为一只"独角兽"。

只有当用户在一个工具里用得很愉悦、高效，他才会回过头来继续使用这个工具。拼多多、永辉超市、万达广场、百果园等爆款小程序就是通过服务闭环，实现了用户高留存。

作者结合自身10多年的互联网商战经验及小程序运营实战经验，才打磨出这本《引爆流量：微信小程序运营与推广》实战书籍，助力传统企业、互联网创业者、企业高管弄清小程序商业模式的本质，掌握小程序的定位、思路、流程、关键点等细节，让小程序助力企业加速走进智能商业时代。

21世纪，不管是大企业还是小企业，或者是创业者，全面的商业模式竞争时代已经来临，而企业的出路就是从顶层重塑商业模式，不断利用新武器（小程序）武装自己。但是，从顶层重塑商业模式并不是简单的事，需要不断总结、反思、学习、实战，才能打磨出适合企业战略式发展的精准化商业模式，用小程序加速商业模式与智能商业的升级。

下面简单列举两个利用小程序成功实现商业升级的案例。

案例：小程序助力天虹商业升级

天虹作为传统的全业态商超代表，业务覆盖超市、便利店、百货、购物中心。一般来说，拥有这样复杂多元业务结构的企业转型都会比较迟滞，但有趣的是天虹却在3年多以前就已经开始着手自己的数字化转型，并且这种转型没有停在单个业务线，而是从整体的集团战略出发的数字化，小程序顺利帮助其造就了今天的天虹。

天虹曾公布了首次使用小程序后的"双11"成绩单：

购物小程序："双11"当天销售环比提高47倍，客单量提高38倍，客单价提高1.2倍；

小程序扫码购："双11"客单量环比增加183%，销售额环比增加438%，扫码购整体客单量占比单店最高达85%；

天虹到家小程序："双11"期间小程序客单量占比接近30%。天虹到家整体"双11"期间对比11月日常客单量达到135%，日均销售额达到162%。

目录

第1章 企业小程序商业价值——看透小程序商业本质 1
1.1 助力传统企业突破发展瓶颈 1
1.1.1 重新发现企业的社会价值 1
1.1.2 改革旧有层级式管理模式 2
1.2 小程序重塑企业品牌形象 5
1.2.1 小程序的杠杆力量 5
1.2.2 小程序是一双无形的"手" 6
1.3 小程序唤醒企业存量用户 6
1.3.1 （线下门店＋企业的官网）×小程序 7
1.3.2 （定制爆款＋极致的服务）×小程序 7
1.3.3 （在线导购＋微信服务号）×小程序 8
1.3.4 （品牌营销＋老客户特权）×小程序 9
1.3.5 （短视频号＋周期性直播）×小程序 9
1.4 小程序搭建企业私域流量池 10
1.4.1 老用户的留存 10
1.4.2 新用户的获取 11
1.4.3 "黑客式"的裂变 11
1.5 小程序构建企业产业新生态 11
1.5.1 资源优势的连通性 12
1.5.2 技术底层的延展性 12
1.5.3 新建生态的可控性 13
本章小结 14

第2章 小程序重构企业商业模式——找到破局点 15

2.1 小程序重新细分用户 15
- 2.1.1 以品类为中心细分 16
- 2.1.2 以圈层为中心细分 16
- 2.1.3 以渠道为中心细分 17
- 2.1.4 以品牌为中心细分 17

2.2 小程序重塑价值主张 17
- 2.2.1 创新满足用户新需求 17
- 2.2.2 改进产品满足新需求 18
- 2.2.3 定制服务创造新价值 19
- 2.2.4 品牌附加值重塑价值 20
- 2.2.5 低价高品质重塑价值 20

2.3 小程序重建渠道网络 21
- 2.3.1 渠道融合 21
- 2.3.2 信任背书 21
- 2.3.3 价值输出 22
- 2.3.4 在线服务 22

2.4 小程序重构用户关系 23
- 2.4.1 基本式关系——实现自然留存 23
- 2.4.2 会员式关系——搭建忠诚关系 24
- 2.4.3 特权式关系——引发高频互动 25
- 2.4.4 社群式关系——激发有效参与 27
- 2.4.5 分销式关系——直击利益刺激 29
- 2.4.6 合伙式关系——挖掘终身价值 29

2.5 小程序再造盈利模式 31
- 2.5.1 产品差价——以成本为定价策略 32
- 2.5.2 会员订阅——以价值为定价策略 32
- 2.5.3 抽取佣金——以流量为定价策略 33
- 2.5.4 广告收入——以曝光为定价策略 33
- 2.5.5 数据服务——以数据为定价策略 34

2.6 小程序激发核心资源 35
- 2.6.1 激活核心资源的三大价值 35
- 2.6.2 企业五大核心资源 36

- 2.7 小程序聚焦关键业务 ... 38
  - 2.7.1 科学性画布法 ... 38
  - 2.7.2 系统化矩阵法 ... 39
  - 2.7.3 严谨的脑图法 ... 39
- 2.8 小程序新建合作关系 ... 40
  - 2.8.1 基于产品创新上的合作关系 ... 40
  - 2.8.2 基于行业之内的竞合式关系 ... 40
  - 2.8.3 基于业务拓展的渠道型关系 ... 41
  - 2.8.4 基于企业内部的合伙人关系 ... 41
  - 2.8.5 基于企业用户的会员式关系 ... 41
- 2.9 小程序颠覆成本结构 ... 42
  - 2.9.1 小程序刷新企业生存思维 ... 42
  - 2.9.2 小程序颠覆企业成本结构 ... 42
- 本章小结 ... 42

第3章 企业小程序差异化定位——进入用户心智 ... 43

- 3.1 勾画准用户的精确画像 ... 43
- 3.2 找到一个未被满足的用户需求 ... 46
  - 3.2.1 整理用户投诉或抱怨的记录表 ... 46
  - 3.2.2 查看电商平台的差评率及关键点 ... 46
  - 3.2.3 调取企业微商城的销售数据 ... 47
- 3.3 解决用户特定的痛点 ... 48
  - 3.3.1 记录购物过程中的心理状态 ... 48
  - 3.3.2 建立一个以用户为中心的社群 ... 49
  - 3.3.3 组建企业内部"客委会" ... 50
- 3.4 分析精准用户的产品认知 ... 50
  - 3.4.1 分析用户对产品的认知逻辑 ... 50
  - 3.4.2 塑造用户对企业产品的新认知 ... 51
- 3.5 找到行业中的竞争对手 ... 52
- 3.6 取一个未被用滥的名字 ... 53
- 3.7 用一句话为小程序进行差异化定位 ... 54
  - 3.7.1 对立型定位 ... 54
  - 3.7.2 功能型定位 ... 54

   3.7.3 升维型定位 ·· 55

 本章小结 ··· 56

第4章　企业小程序战略布局——开创全新品类 ·· 57

 4.1 开创新品类有哪些实际的企业价值 ··· 57

   4.1.1 破除制约企业健康增长的熵增 ·· 57

   4.1.2 解除业绩持续下降魔咒 ·· 58

   4.1.3 找回企业应有的创新精神 ··· 59

   4.1.4 打造企业第二增长曲线 ·· 59

 4.2 找到一个未被其他品牌过度开发的新品类 ···································· 60

   4.2.1 从分形角度探索新品类 ·· 60

   4.2.2 从行业异端探索新品类 ·· 61

   4.2.3 从技术角度探索新品类 ·· 61

   4.2.4 从对立逆向探索新品类 ·· 62

 4.3 让企业小程序成为新品类的代名词 ··· 62

   4.3.1 启用企业新品牌 ·· 62

   4.3.2 构建新品类名称 ·· 63

   4.3.3 聚焦核心业务 ··· 63

   4.3.4 快速成为第一名 ·· 64

   4.3.5 标志化视觉设计 ·· 67

 4.4 保持在新品类中的领先优势 ··· 69

   4.4.1 抢占信息差 ·· 69

   4.4.2 抢占时间差 ·· 69

   4.4.3 抢占认知差 ·· 70

   4.4.4 抢占矩阵差 ·· 71

 本章小结 ··· 72

第5章　企业小程序搭建流程——快速搭建小程序 ···································· 73

 5.1 小程序资料准备 ··· 73

   5.1.1 资质型资料 ·· 73

   5.1.2 账户型资料 ·· 74

   5.1.3 介绍型资料 ·· 75

   5.1.4 产品型资料 ·· 77

5.2 小程序申请注册 — 82
5.2.1 小程序整个接入流程 — 83
5.2.2 小程序申请注册流程 — 84
5.3 小程序技术搭建 — 87
5.3.1 绑定小程序技术开发者 — 87
5.3.2 下载和安装开发工具 — 88
5.3.3 小程序搭建流程 — 90
5.4 小程序首页装修及商品上传 — 92
5.4.1 小程序后台管理 — 92
5.4.2 小程序首页装修 — 95
5.4.3 小程序商品上传 — 98
5.5 小程序页面调性 — 100
5.5.1 锁定小程序页面风格 — 100
5.5.2 结合人性来打磨细节 — 101
本章小结 — 105

第6章 企业小程序的破局点——快速打造爆品 — 106
6.1 爆品为企业小程序带来的三大价值点 — 106
6.1.1 战胜团队老化的阻碍 — 106
6.1.2 敢于突破行业的局限 — 107
6.1.3 真正升级为用户思维 — 107
6.2 从企业战略角度思考小程序爆品时机 — 107
6.2.1 构建新的价值网 — 107
6.2.2 产品正需要迭代 — 108
6.2.3 站在难逢的风口 — 108
6.2.4 有更高效的技术 — 109
6.3 小程序爆品设计的八大原则 — 109
6.3.1 有倾注资源的决心 — 109
6.3.2 具有一定的广谱度 — 110
6.3.3 具有一定的差异性 — 111
6.3.4 满足用户的强需求 — 111
6.3.5 深挖用户一级痛点 — 112
6.3.6 高频次且可标准化 — 113

- 6.3.7 具有让用户尖叫的性价比 ... 113
- 6.3.8 数据具有指数级增长的势头 ... 114
- 6.4 三条小程序爆品成长路径 ... 114
  - 6.4.1 用独特的功能引爆市场 ... 114
  - 6.4.2 重新打造新产品引爆市场 ... 115
  - 6.4.3 以创新平台模式引爆市场 ... 115
- 本章小结 ... 116

第7章 企业小程序流量模型——创建流量闭环 ... 117

- 7.1 企业小程序自带的六大隐形流量入口 ... 117
  - 7.1.1 品牌光环——塑造小程序认知 ... 117
  - 7.1.2 实体体验——强化小程序背书 ... 120
  - 7.1.3 渠道融合——加速小程序下沉 ... 123
  - 7.1.4 企业媒体——放大小程序价值 ... 126
  - 7.1.5 产品触达——新增小程序入口 ... 137
  - 7.1.6 用户数据——为企业小程序赋能 ... 140
- 7.2 企业小程序广告投放的有效途径 ... 141
  - 7.2.1 微信朋友圈广告 ... 142
  - 7.2.2 微信公众号广告 ... 143
  - 7.2.3 微信小程序广告 ... 148
- 7.3 提升小程序流量留存的核心秘诀 ... 148
  - 7.3.1 入口锁定模式——我的小程序 ... 149
  - 7.3.2 时刻呈现眼前——添加到桌面 ... 150
  - 7.3.3 不曾遗忘念想——到期的红包 ... 151
  - 7.3.4 还是你最懂我——个性化推荐 ... 152
  - 7.3.5 限时赠送特权——不浪费资格 ... 153
- 7.4 三层实现小程序流量快速转化 ... 155
  - 7.4.1 需求层——直接推商品 ... 155
  - 7.4.2 特权式——先推其会员 ... 157
  - 7.4.3 平台层——双边平衡法 ... 158
- 本章小结 ... 158

第8章　企业小程序互动营销——设计高频互动　159

8.1　小程序互动的五大要点　159
- 8.1.1　认同感——实现价值观同化　159
- 8.1.2　存在感——无时不在的证明　160
- 8.1.3　参与感——找到持续参与的动力　160
- 8.1.4　新鲜感——总能给你制造惊喜　161
- 8.1.5　炫耀感——你才是电影的主角　163

8.2　小程序高频互动的四个技巧　163
- 8.2.1　让用户享有主动权　163
- 8.2.2　向用户半开放数据　164
- 8.2.3　设计互动反馈系统　164
- 8.2.4　设计系统互动反馈　165

本章小结　166

后记　创作与学习都是完美的修行　167

鸣谢　170

第1章

企业小程序商业价值——看透小程序商业本质

在媒体的浸泡下，小程序出现了千人千面的定义，更多的理解存在误区，而作为创业者与企业管理者只有从本质上理解小程序的价值才最为关键。

小程序带来的商业价值，是过去微信公众号与微商城时期无法比拟的，特别是用户体验、技术创新、流量闭环。本章将详细解读小程序对于企业的核心价值，帮助人们认清小程序的商业本质。

1.1 助力传统企业突破发展瓶颈

从万达集团频频出售实业资产到有传闻说永辉收购沃尔玛，苏宁并购家乐福，这些曾经极其辉煌的商业巨头，也都难以抵抗发展瓶颈。反观，在互联网红海之中，短短两三年的时间便能成长出市值百亿级的拼多多、抖音等，均保持迅猛增长的态势，这背后到底隐藏着何种商业奥秘吗？笔者通过大量的商业研究及咨询服务工作，发现之所以出现这么明显的反差，很重要的原因有三点：①传统企业的企业思维大于用户思维；②传统企业的市场反应速度小于用户需求的增速；③固有组织管理模式跟不上日新月异的商业进化。

传统企业要顺利突破发展瓶颈，解决以上三个问题是关键，在这里推荐借助小程序，从两方面来解决：①重新发现企业的社会价值；②改革旧有层级式管理模式。下面将从这两点展开深度阐述。

1.1.1 重新发现企业的社会价值

在卖方市场，只要有好产品就能实现企业伟大的商业梦想；如今是买方市场，好产品只是基础，并不能构成绝对的竞争力，更不用说是商业帝国了。企业要想真正能在买方市场的时代环境中生存下来，需要从重新发现企业的社会价值开始，告诉用户"企业与过去不一样，将会带来全新的社会价值"，具有更强的使命感，以此拉回用户的信任与支持。

拉回用户的信任与支持的平台之一就是小程序，因为它具有打开快、体验好、自动留存等优势，以此把企业从产品经营的价值观升级为以"用户关系与关系链"为中心的新价值观。

关于"企业"新的定义：企业需要持续不断地创造客户（用户），当企业不再能创造客户（用户）时，便失去了存在的意义与理由。需要注意的是，客户购买并认为有价值的绝非产品和服务的本身，而是产品和服务对客户的实际效用。

实际效用并不等同于产品的用途或功能，而是客户（用户）的感知价值。例如，在拼多多购物的用户感知到的是"便宜"，在京东购物的用户感知到的是"快"，在家乐福购物的用户感知到的是"乐趣"，购买奔驰的用户感知到的是"自豪"。传统企业可以借助小程序搭建一条与用户零距离互动的通道，把企业新的使命、价值观、愿景源源不断地输出给用户，逐步形成用户敢于向企业说实话的场景，用户需要什么、对产品有什么不满等有助于企业对产品持续且科学的迭代。

重新发现企业新的社会价值并非用企业思维及主观设计而来，是通过小程序平台与用户高频互动后产生的真正数据，依据数据的变化而自然长出的。由永辉超市创立的"超级物种"就是从永辉多年的经营数据中发现消费者对场景、个性化、体验要求越来越高，于是应消费者生活形态及购买行为急剧变化，以"超级物种"的数据与分析，根据消费者属性（例如，年龄、性别、喜好、购买习惯等）和其需求，提供个性化服务。例如，针对新手妈妈用户群，"超级物种"可能会推送育儿特殊产品与婴儿最佳食品资讯，甚至提供营养均衡的菜谱与烹饪课程。

接下来要做的是把企业新的价位体系进一步细化完善，打磨成一套让团队、合作伙伴、用户都认可的价值体系，通过这套价值体系的系统输出，指导下一步的组织创新、营销模式、经营策略、用户关系管理等各方面的行为。

1.1.2　改革旧有层级式管理模式

复星集团董事长郭广昌曾在演讲时说："路径依赖与人的依赖是企业走向衰亡的很重要的原因。"因此升级管理模式，是企业健康发展的重要任务。

在企业新的价值体系与小程序平台的双重指引下，如何激发团队的战斗力，把新的价值体系落实在实际运营细节中，这是重点之重。很多企业曾尝试以小程序为杠杆，优化商业模式与价值体系，但大部分没有成功，是核心原因是用固有组织管理模式执行新的战略。

新的战略需要用全新的思维体系与管理模式才能有更高的成功率。回顾一下为何拼多多不是出自BAT（百度、阿里巴巴、腾讯）巨头，为何微信不是QQ产品团队打造出来的？原因很简单，过去的成功容易让团队掉进"能力陷阱"。由此可见，调整组织结构是把企业新的价值体系在小程序平台上充分落实的核心。

本书通过大量研究与实战经验，推荐以下三种有效的新管理模式。

1. 阿米巴模式——分形思维

小程序与京东、天猫、淘宝电商，以及实体经营思维有所不同，它是以经营用户关系为核心，建立企业私域流量池，以期达到建立消费入口的目的。由于要保持小程序打开快、体验好等核心优势，往往一个企业的多个品牌需要用多个小程序，形成矩阵，相互协同助力。这种情况下，需要采用新的管理模式，如阿米巴模式，其优点是让每个员工参与经营，培养员工的参与感、责任感、使命感，具有经营者意识的人才。

阿米巴模式下，小程序运营团队的管理要做到以下三点。

（1）依据小程序合理划分小组织。通常划分组织的方法可以从产品类目、品牌规划等维度开发多个小程序，每个小程序列为一个小组，每个小组以小组长、设计师、营销员、客服等几个标配形式形成独立运营小组。这样划分会打破传统的线性、部分层级式臃肿的管理，进而形成真正顺应市场的灵活应变的活力组织，提高小程序承载的战略目标达成率。

以韩都衣舍为例，作为快时尚品牌，创工伊始就开始采用阿米巴模式，韩都衣舍有约280个产品小组，每个产品小组通常由2～3名成员组成，包括设计师（选款师）、页面制作专员、货品管理专员。产品设计、页面制作、库存管理、打折促销等非标准化环节全权交由各小组负责。每3～5个小组，构成一个大组，每3～5个大组，构成一个产品部。每个小组相对专业化（品类包）、每个部门覆盖全品类，部门内部间产生竞争与合作，同时，大组主管和部门经理进行绩效考核，呈现出强竞争、强协同、弱管控的特征。

（2）设计划分后的小组核算体系。组织划分后形成的若干个独立小组织，这些小组织在严格服从公司统一文化与战略方向的前提条件下，每个小组都有独立的运营决策权，每个小组成员在小程序实际运营过程中都具有不可轻易替代性，同时只有每个小组成员协心协力，具有充分的主人翁意识，才能做到"费用最小化，销售最大化"，最终实现个体及小组的利益最大化。韩都衣舍产品小组可以创立自己的品牌，只要向平台的品牌规划组提交申请，如果通过，针对小品牌做赋能，平台会给予资金和流量上的支持。在这个过程中，逐渐完善形成韩都衣舍特有的激活小经营体的小组制战术赋能管理方式。

采用该模式可从以下三个维度科学完成核算体系。

第一个维度，从小组与公司整体的协同。

小程序对于企业来说，核心价值是"产品与用户之间"的关系搭建，因此每个小组所运营的小程序基本上不会轻易参与产品生产环节，工厂是以小组供应商的身份参与协同经营。每个小组都有权利要求工厂按照小组提供的产品需求定时定量的交货，小组按照双方（小组与工厂）商议好的价格向工厂采购满足要求的产品。假如工厂生产出的产品不满足小组的要求，小组有权拒绝采购，进而要求公司之外的厂家完成产品采购计划。这样就可以把工厂无压力的生产模式升级为高压的产销模式，小程序运营小组会持续不断地给工厂创新、压缩成本，形成整体和谐共进，联合创新的活力氛围。

第二个维度，从小组成员的绩效管理体系。

为了让管理更高效，阿米巴模式要求用量化思维透视每个小组每天的发展状况，这里可以按照稻盛和夫先生提出的"单位时间"模式进行绩效考核。"单位时间"是指用总附加值（从销售中减去除人力成本之外的所有费用得出的数字）除以总劳动时间，得出的每小时产生的附加值。

以"单位时间"为核心指标，设计科学有效的年度、季度、月度计算，定期查看"单位时间"就会很快发现小程序运营小组的实时境况，不会出现失控与成本"黑洞"。每个小组成员看到数据后也会清楚感受到压力与喜悦，更具责任心。时间一久，收获的巨大利益会激励小组成员更有奋斗的激情。韩都衣舍设立的奖金计算公式为：销售额 × 毛利率 × 提成系数。小组内的利润、奖金不是由公司来决定的，是员工干出来的。建立在企业公共服务平台上的"自主经营体"，韩都衣舍培养了大批具有经营思维的产品开发和运营人员，同时也为多品牌战略提供了重要的人才储备。

第三个维度，从内部产品流程化定价体系。

由于每个小组是独立核算的，引发了内部定价的必要性，把小程序运营小组与制造部分均变成利润中心。小程序运营小组既要用合理的价格把产品或服务卖出去，还要以尽可能低的价格从制造部分采购。采购价越低，制造部分所获得收益越小；采购价越高，小程序运营小组的销售难度就越大。这时可以采用溢价分佣的形式来平衡，具体做法是制造部分按照成本加合理利润后折算的价格将产品卖给小程序运营小组，小组按照一定的比例向制造部分支付佣金。韩都衣舍对于每个打算上市的款式，小组内自己商量；对于衣服颜色和尺码，每个颜色和尺码的库存也由小组来确定；对于价格，公司只提供最低价格标准，最终价格由小组成员敲定。

（3）制定独立小组的战略任务。在组织划分与核算体系完成后，就进入最为关键的一步，为每个小组设立合理的战略任务。这个战略任务设立的方向集中在用户数、销售量、复购率、转化率、留存率等维度，初期关键是活跃用户量及增速，这比销售更加重要。

2. 开放型模式——平台思维

小程序作为一种新的商业机遇，从某个维度来说，它还具有"破坏式创新"的神奇色彩。它继续打破不太适合互联网思维的多层级管理方式。对于传统企业，小程序的魅力不仅体现在商业升级上，更为重要的是为企业搭建开放式组织创造了机遇。开放式组织同时调动了内部和外部群体的积极参与，对机遇的反应速度更快，通过组织外部的资源和人力启发、激励、赋能给各层级的员工，让大家以更可靠的方式共同参与小程序运营。这就意味着要拆掉两堵墙：一个是公司与客户、供应商、合作伙伴之间的墙；另一个是公司各个部门之间的墙，形成以目标和创新为导向的团队组织。这种"平台＋团队"的混序方式，正是传统企业转型升级互联网的根本保障。

传统企业越来越重视平台化、产业化、生态化转型，这种以小程序为战略杠杆搭建的开放式组织，正是一种类似生态系统、自完善、自进化的去中心化组织。由于有序系统在小程序最接近混乱状态边缘上拥有最高的灵活性与创造力，从而具备了一种自优化、自提升的功能，通过内部竞争与协同机制，使小程序运营以创新和系统进化的形式持续跟随组织开放赋能而持续指数级成长。

3. 裂变型模式——破界思维

移动互联网时代，信息越来越趋于对称。过去传统企业老板可以靠信息不对称来约束员工，但现在员工利用互联网可以轻易接触到自己想要的资源，有了更多的选择，优秀人才的离职率与日俱增。小程序作为企业转型升级的最佳机遇，要保障成功率，企业高管要有破界创新的勇气，这里强调的"破界"并不是让企业放弃现有业务开创新业务，而是打破固有的"认知边界"，打开更大的视野。

移动互联网是传统集权组织的红色警戒线。员工都有一个事业梦想，如何用合伙人制替代个体垄断，把员工的梦想与企业的发展融为一体，是传统企业老板要重点考虑的问题。

企业可以采用以下几种方式搭建小程序裂变型组织：①将员工发展成合伙人，实现低成本运营；②将供应商发展为股东，打造利益共同体；③将流量主（拥有流量的媒体/平台）发展为运营商，用价值交换替代现金投入；④将用户发展为分销商，深挖用户关系链，建立更稳固的流量池。这些方式在实际落实过程中，需要强大的技术后台、数据计算能力、渠道管理架构支撑。例如，七匹狼电商自营小程序小七快赚于2019年5月正式上线，上线仅仅四天会员数量便突破10 000位，合伙人数5818位。上线者日支付单数506件。最强合伙人单人拉新521人，最高订单金额1211元。

除以上列举的方法之外，小程序裂变型组织还可以依据企业自身的资源与战略个性化设计，保持以顺应市场为主导方向。

1.2 小程序重塑企业品牌形象

品牌是一家企业，特别是传统企业，最为重要的一种无形资产。但是这种资产是有"保质期"的，想想为何称霸手机界的诺基亚默默消失了？曾经风靡全球的柯达也离开了众人视野？为人们提供优质服务的百货巨头家乐福却被苏宁收购了？反过来再看，为何小米仅用几年时间便能进入世界500强？七匹狼作为老牌企业，依然"生龙活虎"。答案就是，品牌只有被激发出势能，才能为企业创造更有效的价值，不限于产品溢价或降低运营成本，甚至垄断品类。另外，要透露的是七匹狼与小米都在关键时刻借力小程序撬动了品牌势能的"硬核"部分。

作为传统企业，到底如何才能激发品牌势能呢？采用什么工具呢？这些都是本节要讲述的核心内容。

1.2.1 小程序的杠杆力量

"与其更好，不如不同"，这是品牌任重道远的艰巨使命。在移动互联网时代，品牌受众所呈现的年龄边界趋近于零，变现的是另一种形态，也就是圈层。在品牌活力的刺激下，圈层的边界也会逐渐缩小，进而得到的是无线延展的更大圈层。

圈层指有一定共性特征的群体。例如，知名的《圈层效应》（托马斯·科洛波洛斯著）这本书就曾研究出"95后"圈层有六大特点：年龄包容性、在线化、低技术门槛、财富影响力下降、文化跨界和创意思维。只有读懂了不同的圈层，才能找到不同圈层的商业逻辑，实现品牌的后期精准营销。但无论哪个圈层，都有一个共同核心诉求，用小程序的"无扰+快捷+精品"思维，连接需求与产品，形成最佳的品牌效应。

虽然可能还有很多企业对小程序的商业价值处于观望，甚至怀疑的态度，但它极强的品牌承载能力已经成就了无数的企业。中信书店的中信书院，顺利展现小程序的连接能力，把"卖书"的品牌印象巧妙升级为"成长加速器"的私人云书房，从仅仅提供图书销售到打造"阅读窍门"订阅服务，从纸质书、电子书、有声书到精品课程，完美地实现线上线下的无缝融合，将小程序的杠杆能力发挥得淋漓尽致。

像中信书店这样借助小程序撬动品牌新势能的企业不少，这些企业之所以成功，关键是它们相信小程序未来发展趋势，坚定的一步一步走下去。

1.2.2 小程序是一双无形的"手"

"80后""90后""95后"消费者主宰着大多数企业的命运，这已经是无可争议的事实。在产品过剩的市场背景下，影响他们消费决策的主要因素从产品质量升维至高性价比，高性价体现在品牌是否"对口"，产品是否"好玩"等超产品本质的附加值。在他们眼里对品牌是否"对口"判断的第一因素就是潮流，如外形很酷、用起来有新鲜感、购物入口满足他们的习惯等。然后，让产品在品牌属性中赋予产品更酷、更炫、更潮的生命力，让小程序成为一双无形的"手"，一手"牵着"用户，一手"牵着"品牌，形影不离地走下去。

小程序是品牌的一种场景，场景又是圈定用户的"手环"，小程序的页面逻辑、主图、详情页、活动页等所有触点都要与品牌调性相符，切忌为了主观性的潮流而随意按美工好看的标准设计小程序整个页面风格，给用户留下不专业的不良影响。曾经有一家服装企业，就犯了这个致命的错误，该公司以修身韩系为主，品牌主色为红色，原则上小程序首页应该是红色为主，外加其他色系辅助。然而运营人员让美工设计为"紫色主色调+蓝色辅色"，完全打破用户心智记忆力，很难把这些小程序与企业品牌关联起来。这就是典型主观盖过用户认知的小程序品牌化运营的失败案例，希望引起企业的重视。

1.3 小程序唤醒企业存量用户

今天所处的时代，是一个不确定与确定并行的时代。所谓不确定是企业生存环境复杂多变，捉摸不透；世界变化的速度与人们生活的节奏越来越快，企业过去的成功经验不再适合，管理出现"熵增"现象。确定的是"用户为王"依然是企业持久生存下去的基础。因此，关注存量用户的活跃度，采取一切办法唤醒企业存量用户是运营部门的第一要务。

本书走访了教育、金融、制造业、餐饮、婚庆等行业大量知名传统企业，发现这些企业正在为看似高价值的数据库发愁，十几年积累的用户在数据库静如止水，复购率低得可怜，大多数企业尝试过重金开发App、基于微信的微商城、CRM（客户管理软件），创新营销方式，以期达到唤醒老用户的终极目标，结果却以失望告终。其中，有一家企业愿意花20万元请专业的咨询公司设计科学有效的解决方案，最后聘任笔者为顾问，经过大量的研究，终于找到了前期那些方法失效的关键原因。

（1）App加大了用户烦恼。下载久、占据内存大、使用频率低，大多数用户在领取了新用户的福利之后就果断卸载了。当企业用App发送信息给用户，触达率越来越低，效果自然不理想。

（2）微信的微商城受到微信公众号"关注"的限制，一旦用户取消关注企业的公众号，微商城就成为了"空壳"，无法起到唤醒用户的作用。

（3）传统企业很少在企业经营一开始就有使用CRM的意识，录入的用户数据少而不全，也很难唤醒企业存量用户。

找到问题的根源后，笔者与其运营团队，对当下互联网工具与新媒体做了深入研究，终于找到了唤醒存量会员与运营闭环于一体的工具，也就是小程序。从以下5个方面将小程序作为唤醒存量会员的武器。

1.3.1 （线下门店+企业的官网）×小程序

通过小程序对门店的赋能，连接企业官网，打通线下门店，以用户为中心，提供品牌深度服务。在品牌服务层面，设计老客户专享红包、免费领取小礼品等，以独特的创意，唤醒存量会员。SELECTED（思莱德）是来自欧洲的精英男装品牌，依靠实体门店获得巨大成长，但用户的长期"沉睡"令其头疼不已，该企业开始尝试来用小程序连接线下门店与线上商城，用户进入SELECTED小程序后，可以自动获取"附近门店"或按区域选择门店，选择门店后就能查看该门店所有销售的产品，点击意向的产品就能一键在小程序上购买，可以选择"邮寄到家"或"到店自提"。为了更好地利用线下优质的服务，唤醒老用户，SELECTED设立了"到店自提减10元"的优惠活动，刺激用户到店逛一圈，就有机会被二次销售或升级会员级别。在小程序对线下门店的赋能后，SELECTED就在官网右上角的流量区放置小程序码，引导用户扫码进入小程序，最终完美实现"线下门店+企业商城+小程序"的无缝融合，很好地唤醒了存量用户，也带来了大量的新增用户。

1.3.2 （定制爆款+极致的服务）×小程序

先集中资源用情感牌设计定制爆款，为爆款锁定核心圈层，在小程序中重点视觉显现其"爆"的亮点,让用户第一秒就能感知到。接下来,为爆款打造一个利益杠杆,通常以促销思维实现,比如"限人+限量+限时,一分钱领取爆款",吸引用户浏览爆款。当用户顺利到达设定的小程序页面后,由于已经具有极致诱惑的超高价值爆款与一分钱领取,激励用户快速下单。在用户下单过程中,特意以小程序的"模板消息"能力为中心,打造唤醒式的触达内容,小程序可以自动识别过往记录过的手机号、地址、名字等内容,精准触达用户的心灵,比如"终于回家啦""你是我的星星,总算盼来了""蓦然回首,我们还在一起"等为主题的内容方向。

1.3.3 （在线导购+微信服务号）× 小程序

以小程序为载体,在线导购为工具,微信服务号为连接器,用小程序与微信公众号关联能力为突破口,激活留存于企业微信公众号上"沉睡"的用户。人与人之间实时互动交流是深化情感的最佳途径,情系人心,也是强化企业品牌与用户关系的有效方法,小程序在线导购落实该方法的最优解。SELECTED 在中国大陆过去几年主要集中在线下门店为主,同时也顺其趋势入驻了各大电商平台,但用户的活跃度一直不高。小程序迅猛发展之际,让其看到了新希望,果断在原小程序的基础上开发了"导购天地"入口,如图 1-1 所示,所有 SELECTED 实体门店的导购均可以输入工号后 6 位数字及店铺代码等信息登录导购商城,为在线访问小程序的用户提供极致的顾问式服务,让过去处于"沉睡"状态的存量用户重新认识与感知 SELECTED,而被唤醒后的用户则很快用高频交互与复购率进行回报。

(a)   (b)

图 1-1　SELECTED 小程序导购页面

还有一个将"（在线导购+微信服务号）× 小程序"玩到极致的案例是绫致时装。

绫致以小程序组合的玩法，让商业能够突破物理空间和营业时间的制约。通过打造微商城，绫致实现了线上线下多渠道流量变现。微商城创新的导购功能，让绫致集团35 000名导购人员的效能延伸。导购通过微商城，可以不受时间、地点限制地对离店顾客进行1对1、1对N的再运营。

1.3.4 （品牌营销+老客户特权）×小程序

重新焕发品牌活力是激发用户再次光临企业产品的核心方法。通过重新设计品牌广告进行持续曝光，让企业老客户用新的角度再次尝试理解企业的飞速发展，利用活动、秀场直播、视频社交等放大影响，打造与用户互动的交流社区，促销引流，重新尝试使用新产品。飞鹤奶粉是这方面的成功典范，2015年以前飞鹤奶粉在国内的销量一直不理想，主要原因是国内很大一部分用户认为国外的奶粉更靠谱，宁愿以更高的价格购买国外的奶粉，也不愿意购买国内的高品质优惠的奶粉。这种情况下，飞鹤奶粉在知名咨询公司的指导下，开始重新设计品牌营销，于是便有了后来写字楼及地铁疯狂的"飞鹤奶粉，更适合中国宝宝体质"的经典品牌广告，把用户对飞鹤奶粉的低端印象快速提升至一个新的高度，砍掉低价产品，聚焦高端品质，价格也开始大幅提升。再以小程序为载体，设计了一定的老客户优惠折扣、新客户专享、砍价、福利群等活动形式，为存量用户提供了"新品牌+新玩法+新平台"的全新认识，也很好地吸引了新客户前往小程序浏览。一系列操作后2017年，飞鹤婴幼儿奶粉增长超200%，整体业绩增长超60%，稳居国产第一。2018年，飞鹤奶粉整体业绩突破百亿元，创下中国婴幼儿奶粉行业首个100亿元。

1.3.5 （短视频号+周期性直播）×小程序

微信视频号链接小程序的功能正式对外开放，用户进入视频号的个人主页就可以看到商店小程序的入口，点击进入即可快速跳转到商家自有的小程序。这就意味着在微信生态除微信小商店之外，视频号用户也将可以使用属于自己的小程序，这就相当于打通了一个巨大的流量池，或将帮助企业提高活跃度与留存率。操作方法如下：

1. 视频号的精准定位

为视频号打造用户过目不忘的价值定位，告诉用户该视频号为其带来何种价值，解决何种问题，为何要关注它。

2. 持续输出价值内容

小程序运营者可以尝试通过短视频的形式输出优质内容，全方位地展现产品的卖点，引导老用户进入小程序了解企业新产品或新活动。

视频号是先聚集创造价值的这一批人，然后以优质的内容吸引受众的关注，毕竟依托于10亿用户体量的微信，好内容才能唤醒存量用户的关注。

那么，什么样的内容才是用户喜欢的？

人的本性就是趋利避害的，发布学习视频或者干货视频在这里必然是小众不受宠的，想要获得更多曝光和更多关注就要努力变得更轻松、更娱乐，泛娱乐化的受众才是最多最广的，并且保持固定的更新时间、更新频次、更新数量。

3. 引导用户关注/订阅视频号

订阅流量是基于视频号粉丝的关注，只要关注了视频号，开播时粉丝可以在微信的服务通知中看到直播提醒，这样就不会错过直播。

4. 视频预热，直播互动

在直播前可以利用微信视频号，帮直播间进行预热引流，增加直播间的人气和转化，或者借助小程序商城的限时秒杀等功能，让产品的营销更多样化。

视频号直播互动的方法有很多，如：一是直播连麦；二是直播间打榜；三是直播间评论。

1.4 小程序搭建企业私域流量池

企业之间的竞争越来越激烈，竞争的本质是成本，主要表现在营销成本上，谁能以更低成本获胜，谁就更容易胜出。想找到一个平台能承载私域流量，小程序是不二之选，既有微信授予的社交化属性，也有完整的电商化交易能力。在传统企业转型狂流之中，拥有企业自己的流量池，可以按照企业运营优势自由开发各种更低成本、更高效益的运营玩法，特别是像"黑客式"运营那样，几天就能坐拥几万的活跃用户，既是煎熬中的新希望，也是至关重要的方向。小程序化身为企业客户私有化的法宝，从老用户的流存、新用户的获取、"黑客式"的裂变三个维度深度体现其价值。

1.4.1 老用户的留存

传统企业自身具有一定的销售渠道，无论是实体门店，还是平台电商，均有流量。小程序可以帮助企业把这些渠道流量有效储存起来，特别是还没及时转化掉的流量，经过储层中的营销刺激，很容易在下一步的运营中成功转化成订单，升级为订阅用户。例如，嘉和一品粥店设计的"扫码点餐+小程序"，只需扫码餐桌上的二维码即可立即完成点餐，厨房与服务员的终端上就会看到家人的点餐信息，进入下一道程序。一次，笔者曾去一家嘉和一品粥店就餐，餐厅人很多，笔者坐下后扫码登录小程序，正要开始点餐，突然听到边上的客人对服务号大喊，说半小时了还没有上餐，笔者就放弃就餐。第二天就收到了一张代金券作为补偿，吸引笔者再次去消费。假如没有这个小程序，也没有这张券带来的"诚意"，笔者作为用户就流失了。

1.4.2 新用户的获取

在过去的几十年里，科技发生了一次又一次的变革，从大型机到小型机，然后到几乎每人都可拥有的 PC（个人计算机），再到今天的智能手机，每一次变革都引发了用户获取的变革。PC 时代"搜索引擎"是获取新用户的最佳途径，而今天智能手机带来的移动互联时代，媒体与社交工具化平台是新用户获取的核心。特别是从门户 App 到微信公众号，新用户的获取有一次重点变革，由注册式升级为订阅式，订阅公众号即可实时收到精彩文章；再从微信公众号到小程序，从订阅式升级为授权式，授权个人微信即可无阻碍地快速进入小程序购买产品或服务，还可以收到与其交互的及时反馈。

小程序能帮助企业更巧妙的低成本获取新用户，可以通过"附近的小程序"，让公司的产品与服务第一时间出现在附近用户的手机里。也可以微信生态为基础，策划分享型活动，让老用户将小程序分享到微信群、微信朋友等，实现老客拉新。

1.4.3 "黑客式"的裂变

互联网行业数据显示，一个获客成本已经高达 100 元以上，靠广告获客维持企业持久的经营是行不通的，用技术力量取代居高不下的广告费，是企业运营部门努力的方向，但遗憾的是实现它并没有那么容易，只能依靠市场流行的工具进行微创新，降低获客成本，推荐的流行工具/平台就是小程序。因小程序要保障用户极致的体验，不能主动像微信公众号那样给用户推送信息，但其具有开放的生态，可以依靠技术开发主动推动授权登录过的用户，通过这种技术型开发，让企业小程序能获取"黑客式"用户增长。混沌学园小程序设计了"学习计划提醒"，如图 1-2 所示，会在开课前主动给用户推送学习通知，用户可以将其分享给身边的朋友，就能解锁一些精彩课程的听课资格。以这样方式给混沌学园带来了一定的用户增长，值得同行借鉴学习。

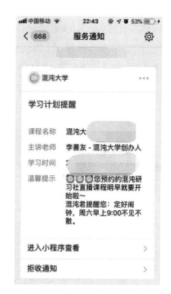

图 1-2 混沌学园学习通知

1.5 小程序构建企业产业新生态

如今，国内的消费经济已从卖方市场进入买方市场，再加上互联网的强大推动，彻底破除了过去认知中的地域优势、产品优势、规模生产优势等。从淘宝网到拍拍网、唯品会，再到拼多多，都能看到库存式的增长势头。当库存化为低价格的商业优势慢慢消逝之时，才能真正意识到这终究不是品牌企业的长久之计，需要企业思考如何才能重新建立企业新的核心竞争力？仅靠产品或制造优势，在产能过剩的时代背景下，均很难实现。在笔者研究及采访大量企业后得出，整合企业过去积淀的资源与能力，构建企业新生态，是可行的方向，可将其称为"升维竞争"。升维竞争的成败关键是用小程序构建资源流通池，把企业的核心资源导入其中，通过它的炼狱，形成新的更高维度竞争力，逐步形成持续的现金流。

小程序构建企业产业新生态有以下三个特点。

1.5.1 资源优势的连通性

生态可大可小，并非只有像阿里巴巴那样无孔不入的商业格局才叫生态。任何一个企业都有资源与能力借助小程序的势能顺势而为，构建优势型生态，只有资源支持力足够大，才能将生态落实下去。以九阳豆浆机为例，原本是以制造豆浆机为基本产品的实业，借助小程序优势搭建了九阳商城小程序，搭建"豆浆机+健康饮品+豆浆食材+煮炖煎炸锅+厨房电器+健康净水机等"新生态，如图1-3所示。将九阳豆浆的技术资源、健康饮食电器资源等完美地连接起来，构建了全新的生态型升维竞争力。通过这一轻型小程序构建的生态，可以轻松实现与用户零距离的高频互动，进一步把资源的优势加速应用在提升用户体验、提升产品爆品特质等方面。

图1-3　九阳商城小程序

1.5.2 技术底层的延展性

越来越多的企业都认识到从产品升级为生态的重要性，而真正成功的企业并不多，有个核心的原因就是没有做好底层技术的架构,无法将企业的生态梦想撑起来。如果采用逆向思考,先勾画企业生态布局图,进行可视化,倒推小程序在承载力、技术研发、数据管理、接口对接、算法等维度的技术底层延展性,确保生态能从梦想向愿景逐步落实在日常工作中。

举个失败的案例:笔者曾服务一家大型服装企业,旗下有六大产业,一开始花了80万元开发了App,后面花了16万元开发了微商城,又相继投入近30万元开发了小程序,来完成六大产业的融合,形成生态链,到现在该企业也没有真正的"跑"起来。这家企业生态构建失败的原因是从一开始就不停地调整技术架构,改到最后技术漏洞越来越多,从公司内部到用户都抱怨声一片。

推荐按照以下流程构建小程序企业生态,避免走入技术误区:

第一步,勾画生态布局图。

第二步,搭建技术模型图。

第三步,开发最小测试版。

第四步,进行小范围体验。

第五步,验证后确认架构。

1.5.3 新建生态的可控性

构建企业新生态能够降低成本压力,释放资源的势能,但不能变成创始人的"野心"。典型的案例就是乐视,无限延伸生态边界,导致资金链断裂,将企业推向债务危机的深渊。设计风控措施与新建生态一样重要,以下三条能降低其风险的规则。

(1)优先整合相关性产业。以场景化的力量让一个产品带动另外一个产品,让用户可以很轻松地在小程序上完成"一站式"购物,既能降低生态建设的风险,还能以产品带动产品的场景销售巧妙地降低成本,完成生态布局。在用户侧感知到的是方便、快捷、实惠、有趣,在企业侧感知到的是破局产品边界。

(2)优先整合产品中的精品。小程序的打开速度一般要做到2s之内,才能达到产业整合的目标。只适合将每个产业中的精品加至小程序,切忌像京东、淘宝电商那样追求高库存量,否则会严重影响用户体验,降低转化率。需要注意的是,小程序中用户的搜索习惯几乎为零,不要去挑战用户的使用习惯,最后损失的往往还是企业。一键进入,秒中需求,是构建生态时需要考核的大前提。

(3)优先选择能构成附加值的组合形式。构建生态还有一个任务,更好地搭建用户"一站式"高频消费入口,以企业主营产品为中心,用企业其他产品修饰、补充、延展主产品的附加值或增加用户权益,使其形成更受用户青睐的高性价比产品或服务,构成优势性价值主张。

本章小结

本章围绕企业小程序商业价值，从助力传统企业突破发展瓶颈、小程序重塑企业品牌形象、小程序唤醒企业存量用户、小程序搭建企业私域流量池、小程序构建企业产业新生态 5 个维度展开了深度分析，旨在帮助企业家看透小程序商业本质。

第 2 章

小程序重构企业商业模式——找到破局点

商业模式在近几年从"潜水"状态快速走进大众视野，深受企业家的重视。

商业模式是描述一个企业创造、传递以及获取价值的网络或系统，像战略蓝图一样，可以通过企业组织框架、组织流程以及组织系统来实施。说得更通俗，核心就是三点：①为社会解决何种问题；②企业如何赚钱；③围绕商业环节的各个要素的组合形式。企业重构商业模式是为了给企业、客户、社会创造更高的价值，也是为了淘汰落后的模式。例如，当年苹果公司有了iPod数字播放器和iTunes网上商店，就正式重构了新的商业模式，将公司从计算机行业切换为在线音乐领域的领军力量。

如今，不计其数的新商业模式不断涌现。全新的产业在形成，旧的商业模式在逐渐崩塌。不断涌现的新商业模式正在挑战保守的旧模式，而这些旧模式中的一部分也正在脱胎换骨后完成重塑。有一位知名财经作家写了一篇题为《97%的创业企业都会在18个月里死去》文章，文中特别提出"新的消费者关系与商业模式推动企业创新是提升生存力的核心武器"。其实现实中，无论是创业企业还是传统企业，甚至是行业巨头都在不断观察消费趋势，寻找、重构适合企业商业模式的最佳机会。从PC互联网到移动互联网，从平台电商到去中心化的电商，从官网到App（应用程序），都曾成为很多企业重构商业模式的杠杆，如今从微信公众号到小程序是当下企业作为撬动模式创新的最好杠杆。

一个成熟的传统企业，从业务、渠道、供应链、组织管理等已经积淀了很多年，相对稳定，要用小程序进行破坏式创新，是一个痛苦且迫切的任务，需要强大的勇气与决心。树立决心后，企业管理者主要从用户细分、价值主张、渠道网络、用户关系、盈利模式、核心资源、关键业务、合作关系、成本结构9个核心模块，来完成小程序重构商业模式的核心任务。下面从以下9个模块展开深度阐述，以期达到知而善用，把握关键点，提升其成功率。

2.1 小程序重新细分用户

移动互联网在技术与信息变革的推动下，正在以惊人的速度颠覆过去多年沉淀的固有习惯,比如以前以货架式、搜索式在电商平台上完成购物需求。今天,以抖音、拼多多、小程序、小红书等社交为核心的平台崛起,潜移默化将消费者带入社交购物模式,让他们在刷抖音、微信朋友圈时看到满意的产品就秒级入手下单。这一切都是在指向用户的细分,传统大众式的产品与服务形式已不能满足用户个性化的多变需求,在不断细分后开始向社群、圈层进化,社群与圈层可以将这些个性化的用户聚焦于一点,形成企业所需要的私域流量池。

小程序已经在很多企业管理者的意识中成为私域流量的代名词,至少是起点,它的第一要务是完成用户细分。小程序受欢迎的核心是轻与快的极致用户体验,通常企业需要考虑用户细分后能否占领细分领域,成功实现降维竞争。如何进行用户细分?下面推荐四种方法。

2.1.1 以品类为中心细分

大多数企业都是多元化产品形式发展,在门店式、平台电商式销售形态中是以"人找货"的方式将产品送到用户手里,不断地扩大产品SKU(库存量单位,每种产品均对应有唯一的SKU号)。小程序则是以"货找人"的形式将产品传递至用户手里,按照货与品类的结合,将客户进行合理分类。例如,小米集团旗下的小程序主推3C产品,这就是典型以品类划分用户,该程序的用户主要是3C需求与爱好者。选择了品类,就等于确定了用户群。

2.1.2 以圈层为中心细分

圈层化是社会发展的必然趋势,其中会产生多个阶层分化,也会产生同一阶层的有机融合,同一类人群具有相似的核心价值观、生活形态、艺术品位,很轻易且自然地产生更多的联系,这种圈层化与圈层变化会越来越普及。在小程序的作用力下,这种以圈层为中心的细分开始大量兴起于社交电商形态,因此将此形态称为社交圈层。用小程序为连接器,投向流量池及渠道中,它就会自然地完成圈层化的聚焦。例如青藤之恋小程序,它是一款针对高学历的优质青年社交小程序,曾多次利用微信社交广告推广,整体效果很不错,它的圈层是"90后""95后"高学历青年,"80后""70后""60后"人群基本上不会有太大兴趣。在这个小程序进行社交活动的都具有类似吐槽、动漫、泛娱乐等爱好,他们可以轻松地在这个小程序上找到属于同圈层的特殊语言。

这种以圈层为中心搭建小程序,进行用户细分有一个核心原则,就是要让产品与服务变成共同兴趣、态度、爱好、价值观的圈层连接器,小程序便是连接器背后的赋能平台,形成定制化的小众消费经济。企业想要获得势如破竹的发展态势,可采用小程序进行圈层化,围绕圈层的价值与其所在的场景,建立深度连接。

2.1.3 以渠道为中心细分

任何企业都有核心的渠道流量，因渠道的特殊属性，故而给用户盖上了某一属性或标签。企业可以采用以渠道为核心，定制开发一个小程序，专为该渠道所获得的用户提供个性化服务。长沙弘道书店在线下开了 25 年的实体店，因为有较多学校资源，这些渠道成为其核心的优势，管理者快速开发了弘道书店网店小程序，把它作为对渠道客户的细分与管理工具。自从弘道书店网店小程序上线后，因其按照渠道需求设计文创产品，一时间销量很快提升。书店用该小程序顺利完成了学生、学校、书店的融合关系，做到了以渠道为中心的用户细分。

2.1.4 以品牌为中心细分

用户心智资源中，往往有一个品牌只能关联一种产品的认知。例如，提起康师傅，就想起方便面；提起王老吉，就想起凉茶；提起蒙牛，就想起牛奶。每个品牌理论上是可以进行多元化延展，但实际上成功的企业凤毛麟角。每个品牌背后对应的是一种消费场景，一个特定的用户群体。以"一品牌，一小程序"的商业逻辑，结合企业品牌矩阵，进行用户细分。绫致时装旗下有很多品牌，其中，VERO MODA、ONLY、JACK & JONES 是最核心的三个品牌，分别对应 VERO MODA 小程序、ONLY 小程序、JACK & JONES 小程序，依次满足对应大众普通女性群体、都市表现自我的女性群体、爱好欧式风格的男性群体。绫致时装很好地借助小程序，将过去实体门店的 CRM（用户关系管理）积累的数据进行重分，完成品牌化的用户细分，为下一步小程序营销裂变打下坚实的基础。

2.2 小程序重塑价值主张

价值主张是用户选择一个产品或服务而果断放弃其他同类的产品或服务的主因，它实际解决了用户的某种问题或满足其特定需求。

价值主张并不是口头上的广告语，而是决定小程序下一步运营战略的指南针，需要企业高管重视。小程序价值主张是要给用户一个明确的决策理由，让用户低门槛进入，高转化的选购产品或服务及组合。

小程序重塑企业价值有五种思路。

2.2.1 创新满足用户新需求

小程序让同一产品通过不同场景的展示，满足客户不同的需求，企业需要做的是无须高科技的发明，只需要在场景上创新即可。例如，星巴克精心设计开发了一款星巴克用星说小程序，为七夕节定制了一场"DIY 七夕礼物"的有趣活动，如图 2-1 所示。任何用户都可以授权登录用星说小程序，为心爱的人定制七夕惊喜礼物，说想说的话，设置喜欢的礼物背景，还可以添加多种浪漫的元素，然后选择 200 元、99 元、40 元不等的星礼卡或礼物即可送去惊喜。星巴克用小程序的创新玩法，将原本普通的产品，在七夕这一特定的场景下，恰到好处地满足了"七夕，对爱的表达"这一新需求。通过这一案例可以从中感悟到，用户的需求也是不稳定的，在很多情况下，用户并不能清晰表明需求，需要企业采用小程序这样的新载体，构思创意，引导用户在场景中选择企业设计好的不一样的满足形式。

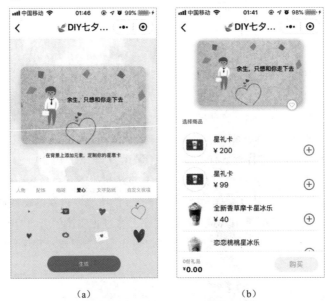

图 2-1　用星说小程序七夕活动

2.2.2　改进产品满足新需求

小程序具有较强的延展能力，可以在改进产品或服务的性能基础上，通过用户活动的助力，创造新价值，满足用户新需求，以期达到重构企业价值的目标。从产品功能、工艺、包装、文化维度改进，美图相机从功能上增加超级人像，小罐茶用小圆罐替代袋装，江小白在白酒瓶身新增文化创意，激发了用户的好奇心，均取得了不错的效果。

完成产品创意性改进后，通过小程序与用户形成实时互动，及时查看用户在线反馈，查看后台的访问量（Page View，PV）、访问数（Unique Visitor，UV）、转化率 ROI、平均访问时长等数据，通过数据仔细分析改进后的明显变化，总结需要进一步调整的地方。

需要注意的是，每做一点改进，要通过小程序首页、产品主图、详情页、自媒体软文相关渠道描述展示出来，形成明显的用户感知力，才能最大化地吸引用户的注意力。

还是以小罐茶小程序为例，小罐茶从 4 g 装升级为 50 g 多泡装，在小程序首页及产品主图上用超大量的视觉效果把茶叶罐放大，如图 2-2 所示，让用户与 4 g 形成明显的感知差异，让用户默许在商务洽谈人比较多时或出差时间较久时很适合用这种多泡装，把 50g 多泡装的优势突显出来。

图 2-2　小罐茶小程序

温馨提醒：有一些企业为了省钱，直接将原来的主图、详情页简单修改就用在新产品上。仅仅通过产品标题及详情页文字描述，来影响用户的判断，用户会认为企业是换汤不换药的销售把戏，从而大大降低改进产品满足用户新需求的目标。

2.2.3　定制服务创造新价值

针对某些用户或群体的某项需求提供定制的产品或服务，用小程序将其个性化输出，为用户创造新价值。定制往往是从一个小众用户群体，或者从解决某特定人群的痛点开始，用小切口打开市场，这种方法往往因其解决了特定群体的大痛点，能创造出让企业惊喜的口碑传播。

当下行业竞争激烈，用户需求也不断分化，企业如集中资源从大行业中找到一个让巨头看不起，小企业又看不清的小切口打入行业，从行业边缘开始逐渐延伸至行业核心群体，不失为很好的策略。奶糖派以小程序为载体，以大胸女性为核心服务群体，从竞争残酷的文胸市场为大胸女性定制专属文胸，解决大胸女性选择舒适文胸的烦恼，快速获得用户认可。站在文胸大行业来看，这是小众的市场，但用户的忠诚度与复购率会很高，为后期提供大胸女性的周边需求产品打下坚实的基础，如大码衬衫、显瘦 T 恤等。

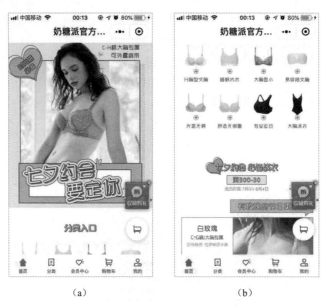

(a)   (b)

图 2-3　奶糖派小程序

2.2.4　品牌附加值重塑价值

用户可以通过使用企业品牌获得精神层面的价值，比如通过佩戴苹果手表，代表前卫；开奔驰，代表高贵。过去要获得这样品牌附加值基本都是靠央视广告及楼宇广告等建立起用户认可的品牌附加值，是一笔巨大的费用，大多数企业是没有那么大的财力支撑。小程序作为新型移动互联网工具，能以点对点、自传播的高效方式，满足传统企业从产品时代的重产能升级至用户导向的重创新的转化，让品牌产生巨大的附加值。通过小程序把品牌想要表达的创意、向用户传递的价值，利用视频、图片、图文等组合形式，重新用小程序的个性化表达出来，重塑企业价值。用小程序提升品牌附加值，重塑企业价值，使发展迈上更高的台阶。

2.2.5　低价高品质重塑价值

以更低的价格提供相同价值的产品，以满足价格敏感性用户群体。小程序激活存量用户，从搭建入口、预览、咨询、转化、售后等完整交易及服务闭环开始一点点打磨，以此降低线下门店经营成本、线上营销成本、渠道成本等，把产品的价格压下来，给用户提供低价高品质的商品。企业自建小程序平台后，不用再担心百大广告报效费用只需集中精力以"存量用户尖叫的产品及服务"为核心，重塑企业价值。例如，小米从自建论坛，到App，再到今天的品牌小程序矩阵，一步步走来，从艾瑞数据研究中心的相关数据能看出，小程序已经成为小米品牌另一个至关重要的产品经营平台，顺利将营销成本进一步压低，使小米产品的价格控制在 1.2～1.5 定倍率，将用户对"小米是卖手机"的认知升级为"小米是高性价比产品"，这无疑是小米的巨大成功。

2.3 小程序重建渠道网络

渠道网络是企业同其触达用户建立关系与关系链，以及向用户传达、输出价值的交互体系，是商业模式中至关重要的一环。其决定小程序成长快慢，甚至决定其成败。小程序帮助企业对现有渠道网络重新梳理，目标是让用户改变了解企业产品及服务的途径、用更科学的方式输出价值主张、用更高效的方式向用户提供售后服务。

下面主要从以下 4 个维度来完成渠道网络的重建。

2.3.1 渠道融合

为了快速提升市场占有率，企业在发展过程中需要大量开拓线下、网络、大客户等类型的销售渠道，时间一久，这些渠道会产生强弱分明的现象，管理成本与渠道收益不成正比。那么，如何有效整合是摆在企业眼前的难题。

这个问题涉及三个方面：首先，将这些渠道融合在一起，实现在线化，这里可以用小程序码、小程序"一物一码"功能，根据渠道分发企业同一小程序的不同码，完成渠道在线化；其次，将渠道实现数据化，便于实时分析与渠道优化，小程序后台可以查看每个渠道每日带来的用户增长数量、用户浏览时长、企业产品热销度、用户对产品的评价，定期依据数据调整产品与渠道的匹配；最后，用小程序来完成企业渠道流量池的搭建，将以纯产品销售为中心的渠道升级为流量供给，把渠道的访客、用户、会员以小程序导向企业统一的小程序平台，可以很好地降低企业未来失去渠道带来的损失，把最核心的终端用户、会员紧紧掌握在企业手里。

以知名运动品牌李宁为例，其线下门店拓展，线上电商崛起，但有些渠道存在数据不真实，甚至假货现象，对企业发展产生了一些不利的影响，这对渠道实行数据化管理是急迫的问题。为此，李宁开发了企业小程序，实现线下门店与线上小程序数据同步，逐渐完成渠道数字化管理，如今该程序为李宁的渠道高效管理起到了实效价值。

2.3.2 信任背书

相信大多数企业都会遇到市场上个别商户打着企业的名号肆意地销售假货，却无法查找。为此，有的企业成立了专门打假部门，仍难杜绝；有的企业屡次投诉无效就干脆坐视不管，最终受伤害的是用户及企业自身。其实，小程序是解决该问题的有效途径，只要用统一的在线信任背书，告诉用户线上唯一的正品渠道是该小程序，用认证、Logo、关联公众号等方式给予用户辨识就能有效解决该问题。

企业官方、微商城、App（应用程序）很容易被模仿与作假，但是从小程序页面内容到关联公众号都是无法轻易更改的，使得信任背书的价值较大。

另外，一些企业有大量线下加盟商，可以将其逐一加至基于小程序的"附近门店"。当用户进入该小程序后采用地理位置或关键词搜索能进入门店，证明这是官方认可与签约的店铺，值得信任。

2.3.3 价值输出

"酒香不怕巷子深"的时代一去不复返，好的产品需要创造条件，让其大胆地寻找它的"主人"，也就是"货找人"的思路。小程序的出现，可以更优雅的姿态将企业产品价值主张通过重建后的数字化方式对外输出。企业渠道网络经由小程序的连接，聚焦于关键点，就有一定的资源、资本支持企业策划类似天猫"双11"、京东"618"、苏宁"818"这样只有巨头才能办的大型购物狂欢活动，引爆渠道网络的作用力，让企业价值主张以产品表现形式对外输出，收获指数级的用户增长，利润也会随之倍数增长。

从大量企业及艾瑞数据可以看出，大多数传统企业之所以在转型之路上充满荆棘，走得很坎坷，很大一个原因是让势能巨大的渠道像雄狮一样处于沉睡状态，缺乏用小程序这样的工具/平台激发它，让这些辛苦积累的渠道网络"醒来"，恢复应有的活力与价值。

传统企业与互联网企业相比最大的优势就是渠道，互联网对于传统企业就像西药，只要把渠道网络聚焦在一个作用点上，用小程序引爆，见效更快。

2.3.4 在线服务

在线服务是高转化率的基础，用渠道网络搭建系统、科学、高效的在线服务体系是一项重要的任务。渠道网络不仅要完成在线销售任务，还要用极致体验完成售后服务。小程序可以添加100个员工及渠道人员微信号为客服，当有用户在线点击咨询客服时，就会直接由指定的客服完成服务工作。无论是渠道人员还是员工，在线服务过程中可以很好地挖掘用户痛点，从用户那里了解产品存在的不足与改进方向，让用户与渠道形成零距离走心的交互，更好地保障渠道对客户需求把控的准确性。

企业还能通过在线服务数据实时了解各渠道对客户沟通的频次、市场、满意度、回答问题的专业度等一系列问题，以此作为下一步重点支持的渠道参考。

通常可以采用小程序客服、网页式客服两种方式完成渠道网络服务。

（1）小程序客服。这种客服方式是小程序客服人员通过扫"客服小助手"这个小程序码，以添加至客服清单进行授权登录，进入在线客服界面，如图2-4所示。客服人员只需用手机微信就能随时随地与用户交流，还可以编辑不超过 10 天的快捷回复，以应对咨询高峰期。

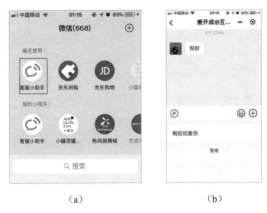

(a)　　　　　　(b)

图 2-4　客服小助手

（2）网页式客服。与客服小助手相比，网页式客服功能更超大，可以设置自动接入、接入自动问候语等自助型服务，还能实现客服之间的相互转接，如图 2-5 所示。但其也存在缺点，是基于 PC 端的网页，一旦离开电脑就无法进行复杂操作。

图 2-5　小程序客服转接

2.4　小程序重构用户关系

在互联网很盛行的流量池、订阅会员、社群营销等各种运营范式中，只有用户关系才是灵魂，在商业模式中起到四两拨千斤的作用。当市场趋近或已经饱和时，企业便要将经营重点聚焦在用户忠诚度、拉高复购率、提升单位会员的平均收益。

以小程序为平台，可以从以下 6 条路径来强化用户关系及关系链。

2.4.1　基本式关系——实现自然留存

这种基本的用户关系，实属基础的买卖关系，不设创意，适合于日常无大促的经营。

小程序具有完成流量交易闭环，任何访客及用户均可以通过企业的小程序自主登录、浏览、咨询、下单等一系列操作，只需要在首页、活动页、用户中心设计能引发用户购买欲望的活动即可。这种用户关系有一个缺点，它会让用户感觉冷漠，缺乏良好的购物体验，通常适合助力更深层级的用户关系，以更优越的用户关系与它形成对比，突显深层用户关系的极致之处。如若把它们比喻成商务谈判时的红脸和白脸，此处的基本关系就是红脸，激励用户选择"白脸"。

这种关系下，为了更好地刺激用户按照设计好的"深化论"，也就是不断地在用户心里设计向左向右的选择题，故意在左边设置小障碍（可跨越），由于人性的弱点，用户会选择更容易穿越的右边，一步步走向企业小程序的"流量深海"，无法轻易离开，最终完美实现自然留存。

2.4.2 会员式关系——搭建忠诚关系

会员式关系是老生常谈的话题，典型的形式是免费领取会员，或者购买达到一定金额升级为会员，还有些是办卡及充值成会员，成为会员后就能享受积分换购、礼品赠送等。这种会员玩法，小到理发店，大到银行信用卡，已经炉火纯青，以致用户开始变得漠不关心，走向失效。

与传统会员式关系相比，这里要重点阐述的是基于小程序优势的更有效的用户关系类型，暂且称之为订阅型会员关系。订阅型要求用户付费来获得某种产品或服务，隐含的是一种交易关系。产品导向，付费入场的形式是订阅型会员的第一道门槛，能有效地过滤非主要圈层的用户，用户跨过这段门槛，就能收获多重惊喜。

订阅型会员关系模式深受用户青睐，企业也屡试不爽，为粉丝经济的演进，提供了关键推力。这种订阅式会员关系已经开始流行开来，例如京东 PLUS 会员就是属于订阅式会员。订阅型会员成败的关键是所得的权益是否具有无法抗拒的诱惑力。京东为订阅会员提供了十大会员权益，无论是爱奇艺 VIP 还是会员专属全品类优惠券等都是与用户的需求极其对焦，用户只需要每年支付 99 元的费用即可尊享 PLUS 十大权益，如图 2-6 所示，对于大多数用户，这是一个很划算的"买卖"。需要注意的是，企业每年的订阅费用 199 元是一个分水岭，超过这个费用后，用户的付费率与续费率呈现直线下降，建议控制在这个范围内。但订阅费并不是越低越好，过低就会降低用户的流失成本，过高就会使其订阅会员数增长缓慢，续费率也无法保证。具体多少合适，还要依据企业的用户圈层、消费能力、服务成本精算而定。

订阅型会员除了京东这样典型的付费模式，还有一种中小企业更适用的方式，即"定额费用＋任购一件产品"。这种方式的好处是定额费用可以提升忠诚度，任购一件产品可以收获更多的用户详情，便于后期的个性化营销。

图 2-6 京东 PLUS 会员权益

2.4.3 特权式关系——引发高频互动

特权式关系,就是以小程序为载体,给予用户某种特权,建立更深的用户关系,它有别于订阅型用户关系,可以不用支付费用获取特权。这种特权具有很强的诱惑力,用户需要领取定量的任务,每完成一项任务就会在用户的小程序个人中心解锁一项特权。随着任务的层层递进,难度也会越来越大,能为解锁所有特权而坚持完成任务的用户就会对小程序的价值感知越来越深,就很容易发展成为高忠诚度的持久用户,甚至合作伙伴。

解锁小程序设置的任务,获取特权的方式主要有以下 5 种。

1. 指定点赞量

点赞是一种最直接的互动,把原本静止的内容变成社交内容,可以激发用户好友圈的关注。轻轻的一个点击,蕴含着对其内容的赞同、支持、鼓励等,给予被点赞用户成就感、自信心,感觉不再那么孤独。

这种点赞主要是由小程序用户在浏览小程序过程中,系统以多种提示或展示特权,引导用户参与其中,用户需要将指定的产品海报、活动海报、小程序海报分享至微博、微信等社交平台上,配上相应的文字让其好友对其点赞,点赞满数之后将其截图传至与小程序关联的公众号,或者直接发给指定的客服人员。达标后完成相应的解锁,获取相应的权益。

2. 规定好评量

好评量不同于点赞解锁,它的主要目标是通过分享小程序页面海报,发挥社交工具上的好友关系链,以对用户所分享的海报进行有效好评,吸引关系链中的好友识别海报中的二维码成为小程序的用户。随着好评量的持续增多，会进一步刺激围观者的参与，带来更大的影响力，影响力的扩散继续吸引更多人成为小程序用户，更多的用户获得解锁权益，形成良性循环。

3. 限时转发量

相比点赞量和好评量，限时转发量的价值更大，这种方式是基于微信及微博这样的社交平台一键分享功能，将小程序海报分享至微信群、微信好友、微博，分享到一定的数量后小程序平台会自动解锁一项新权益。

4. 推荐注册量

互联网流量越来越贵，推荐新用户注册小程序会员，以推荐注册量为任务，达标后即可解锁一项权益。小程序的注册量比 App 注册量要容易很多，只需要点击授权个人微信注册即可，无须像注册 App 会员那样，填写姓名、手机号、邮箱等烦琐的信息。

基于小程序注册会员的活跃潜力相比微信公众号、App 等要高很多，用户从个人微信头部往下拉，也可以将其小程序发送至桌面，建立快捷键，随时能找到，随时能消费。

如何能更快地提升小程序推荐注册量呢？分享三个小技巧。

（1）用创意性海报。推荐注册解锁权益激活用户关系的方法屡见不鲜，需要具备一定的创意，让用户眼前一亮才能激起用户产生分享的欲望。创意体现在视觉、文字、符号等多个要素上，尽量以简约、时尚的风格呈现。

（2）与分享者相关。只有与分享者建立明确的关系，例如生成海报带上分享者想表达的一句话，再带有分享者的照片，就能让这张海报具有"活力"，有一定的"灵魂"。

（3）突显其利益性。无利不起早，用户之所以愿意分享小程序海报，最大的原因是有看得见、摸得着的利益。

5. 推荐好物圈

最后一种特权式关系是将小程序上的产品分享至微信好物圈，如图 2-7 所示，以此为任务为用户解锁权益。

这里科普一下微信好物圈，从"发现"—"搜一搜"即可找到"好物圈"。好物圈有新建圈组的功能，用户可以在圈子里进行商品推荐。推荐到好物圈等于默认推荐同一圈组的微信好友，用户可以将指定的小程序商品推荐至好物圈为任务，完成任务即可解锁一项新的权益。

以上 5 种特权式会员关系，不仅能很好地保持与用户之间的高频交流，提升用户忠诚度，也能获取更多的新用户，一举两得。

图 2-7　微信好物圈

2.4.4 社群式关系——激发有效参与

社群是多对多的话题性交流模式，是企业激发用户参与小程序活动，让用户从"潜水"到活跃的有效途径之一。作为企业，需要入驻或搭建一个和谐共进的社群平台，设计好社群管理规则，让每个用户成为共建人。这种与用户的社群式深度关系，有个演进进化过程，并非一蹴而就。建议企业搭建一个轻社群小程序，只需该社群具备能产生有价值的内容、提供交互的场景、引发有效的传播、建立用户的连接四个核心维度的功能即可。这种社群小程序与企业购物小程序以并联的关系相融，将用户直接从购物小程序首页、用户中心等多个入口一键进入社群。讲到这里，可能有些人不理解，为何不直接基于购物小程序开发社群，而要另外开发呢？主要是保障小程序的打开速度与使用体验，若放在同一个小程序上就会出现加载包过大，代码有可能都无法通过小程序后台审核。

社群式关系中，激发社群用户活跃展是决定社群价值大小的关键因素，由以下几点决定。

1. 价值内容

用户可以随意输出碎片内容，需要企业想办法制造话题，让用户提供的碎片内容聚焦在一个核心点，这个核心点往往与企业战略规划、营销计划、引爆流行等有关。随着5G的到来，移动互联网进入一个图像、音视频时代。这个时代的游戏规则、玩法、参与者的技能都将发生颠覆性的变化。打造一个高价值的小程序社群，在内容上需要有多样性，文字、图文、视频、音频都要满足用户对内容创意的需求。当用户觉得好玩，愿意花时间研究社群玩法的时候，企业只需要提供创意工具就能让社群具有源源不断的精彩内容，吸引更多的用户参与。

2. 沟通场景

"场景"一词在移动互联网时代，仅次于流量的重要性，其可以引发用户某些惯性动作，例如当你有认识的熟人在一个小程序社群上发表一篇文章，评论下有不少负面攻击，你会油然而生地与这些人评理，甚至情绪冲动。

此处提出的沟通场景是基于社群，并非为销售渠道而生，是用户、时间、空间、地点等多维度形成的一个即时性小世界。在这个小世界里，用户会表现出与平时完全不一样的自己，从一个生活中寡言少语的内敛"大叔"变成社群中慷慨激昂的"少年"。基于社群的沟通场景关注的用户需求、情绪、状态集中引燃，激发产生与社群中其他用户的互动行为。

构建小程序社群沟通场景有三种方法。

（1）一首歌，唤醒记忆。一首潮流热歌或经典老歌，能对社群中的用户产生代入感，唤醒一个圈层用户的美好记忆，自然产生有灵感的内容，优质内容可吸引更多人参与其中。

（2）一视频，感动用户。经常能在短视频平台看到一些短视频内容很简单，有时是一句话、一个动作、一个画面就能表达用户的心声，仅仅是用视频效果提升用户感知度。

这样以视频为沟通场景依然可以应用在小程序之中，如"小年糕+"小程序将是短视频平台的内容以小程序为载体尝试，取得巨大成功。企业可以结合自身情况，基于目标圈层搭建视频应用场景，为用户营造更好的社群沟通场景。

（3）一画面，破解现实。基于图文模式，构建小程序社群沟通场景，常见做法是借助热点、励志、重大节日等构图，引发用户看到时思考。

有两张图片，如图2-8所示，曾经很火，广传于各大社交媒体，它源于上映的院线电影《哪吒之魔童降世》，引起了大量的好评，这也是经典的场景代入式社群沟通。很多看过该电影的观众都对"哪吒的命，就是不认命""去你的鸟命，是魔是仙，我说了算""若命运不公，就和它斗到底"记忆深刻，在画面的刺激下，引发群体性互动，大家相互在社群中表达心中真实之感，更有甚者认为那个哪吒就是活生生的自己。

 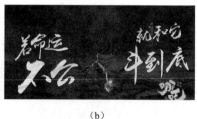

（a）　　　　　　　　　　　（b）

图 2-8　哪吒之魔童降世

"冰冻三尺，非一日之寒"，真正要将构建小程序社群沟通场景时使用的方法落实在实际工作中，需要大量的练习、测试、总结、改进，掌握每个关键点，才能使其效果最大化。

3. 有效传播

让用户传播内容，引导好友参与其中，好友通过企业构建的小程序社群聚集在一起，能够友好地帮助企业留住原用户。这里的原用户是指最早进入小程序社群的用户。

小程序社群比较轻，用户的传播门槛较低，决定用户是否愿意分享传播，需要满足三个基本条件：内容符合圈层"胃口"、即时呈现一键分享按钮、激励用户晋级为"小酋长"。

（1）内容符合圈层"胃口"。可以先通过小段子、故事测试内容与圈层的匹配度，找到圈层的"胃口"后再制定内容框架。一上来就直接提供粗暴、简单的内容容易吓跑用户。

（2）即时呈现一键分享按钮。用户缺乏耐心，如能在精彩内容引人入胜过程中设计"一键分享"，无须回到上一级页面，是确保大概率分享的关键。

（3）激励用户晋级为"小酋长"。社群属于类部落，称为"酋长"更贴切。引导用户推荐更多好友参与社群共建，发起者邀请好友人数达到一定的量级后即可构成一个小社群，发起者即为该小社群的"小酋长"。"小酋长"有管理好小社群的义务，也能享受其带来的利益，比如好友产生购买的分佣、定期领取公司为"小酋长"定制的小礼物。

4. 情感连接

企业构建的虚拟化小程序社群，内容、场景、传播都是0，情感连接才是1，没有1

的存在，再多的 0 都显得苍白无力。情感连接才能让企业构建的小程序社群有信仰力，它塑造着社群的文化，缔造着不可撼动的游戏规则，形成潜移默化的价值观，每个参与进入后可以自觉捍卫这个共同的价值观。现在看到运营不错的社群都是有情感连接的，如国内某在线平台构建的学习社群，每 55 个人形成一个班，班长会不定期地组织线上线下学习交流会，让每个班级的同学深度认识，建立更深的友谊，相互监督，共同成长。总有同学会有种种原因长期不按时学习，连班长沟通都无效，但是有几个关系好的同学发私信，邀请在约定的班级交流会上见面，就不好意思拒绝，这就是社群中情感连接的价值所在。

2.4.5 分销式关系——直击利益刺激

分销式关系是企业与用户之间的利益共同体，用户在小程序上完成好友社群的建立，以培训、交流、聚会多种形式让好友尝试产生消费行为，然后进一步将自身购物体验编写成故事在朋友圈、微博等传播，形成二度、三度关系链。用户具有鼓励好友加入小程序社群的核心动力，而每个新进的好友又都是分享者，每个分享者推动的消费升级，最终受益较大的还是小程序上一级用户。

曾经的小黑裙服装品牌，短短一年多的时间就快速获取了近 600 万的用户，靠的就是分销模式。

现在有种升级版的分销立法，就是在小程序上"送好友一份礼，还自己一分利"，激励犹豫不决的用户加速成为分销商。具体流程是：当用户到小程序页面后，发一个接近提现额度的现金红包（不同于优惠券），如满 50 元提现，就可以发一个 20 元或 30 元的红包，如图 2-9 所示。

温馨提醒：在法定的条件下，小程序上构建的分销只能控制在三级内。

图 2-9 分销中心展示页

2.4.6 合伙式关系——挖掘终身价值

合伙人是分销员的递进，基于用户的价值与资源优势，释放股权或分红权，与用户形成交换，将用户变成股东的身份，合伙关系比分销式高一大截。小程序具有较强的入口性，让用户随时可快速进入，企业只需在首页呈现清晰的合伙人招募的信息，感兴趣的用户即可一键在线咨询或一键拨号深度咨询。在实战经验中，将用户发展为合伙人主要有以下三条路径。

1. 低风险众筹模式

众筹，大家并不陌生，国内有很多众筹平台，如京东众筹、淘宝众筹等，都是以低风险小金额的投入形式来吸引用户参与到企业的众筹活动中。众筹形式也有多样性，如消费众筹、产品众筹等。在这里重点以产品众筹展开分享，如何深度挖掘用户关系，使其最终成为企业合伙人。

低风险众筹模式，适合用在企业新创高性价比的产品上，以低于最终定价的特价吸引用户参与预定，设定一个合理的参与人数，达到数量即众筹成功，为企业创建可观的现金流，便于全心专注于产品研发，向用户交付超预期的产品。如果未能达到预定的人数，众筹则为失败，用户支付的款项足额退还，企业与用户风险都很低。以小米众筹为例，如图 2-10 所示，这是小米的一款降噪项圈蓝牙耳机，支持长达 20 小时的续航，混合数字降噪，上线不足 1 个月，支持人数就达到 48 312 人，已筹金额为 2 979 969 元，众筹成功率飙升至 1 357%。

图 2-10　小米众筹

这种众筹方式成功与否，是由产品本身具有的产品力，以及企业活跃用户数共同决定的。如果没有一定的活跃用户作为基础，众筹很可能出现与小米众筹反向的结果，参与者寥寥无几。假如企业处于尴尬的众筹活动之中，建议立即找一家有大流量支撑的专业级众筹平台，只需要支付一定的宣传素材制作、众筹抽佣等小成本，便可以有效补救。

2. 高收益分红模式

大多数人的理财方式是购买银行保本或小风险的理财产品，让闲置资金产生金融价值。

这两年移动互联网的快速发展，让人们认识到信息的开放，小程序的低门槛使用，用户对资金风险的认知度，让用户认识到高收益分红模式也很靠谱，它能带给用户的现金收益比银行高很多，企业则收获的是用户更持久的忠诚度及关系链。例如，以5万元本金为基点，存在银行，年化利率基本都低于5%，而分红模式年化利率基本可以超过10%，甚至更高。

现在传统企业都在感叹生意难做，但从另一个维度来看，大多是企业抱着金库喊没钱。用户就是企业的金库，企业管理者只需要保持开放的心态，以小程序为平台，把用户聚集起来。

笔者在为企业做咨询的时候，有管理者提出担心，怎么保证能给用户这么高的年化利率。其实企业与用户是相互成就的，对于用户来说最大风险是信任风险，他们难免会顾虑万一企业拿钱跑路了怎么办。既然有那么多的用户信任企业，企业就要下定决心不要让用户失望，因为用户拿真金白银投资了，他们也会更加关心企业的盈利情况，提升自身消费频次并介绍朋友前来消费，企业的人气、销售、知名度都会有所提升，形成良性的自循环。

3. 高风险股权模式

与众筹模式、分红模式不同，股权模式风险较高，用户一旦参与投资，成为正式股东，则有高风险高收益的双特性，最大优点是永久性获益。每个企业的数据库中，一定有看中企业未来发展，也有资金投入其中的优质用户。这类用户可以用小程序的电商思路，挖掘具有高频、高单笔消费轨迹的用户，梳理成一个清单。

接着，需要有目的性地在小程序首页轮播图释放一则"回馈用户，释放股权"的信号，通常做一张海报即可。注意，一定要在海报位置加一个表单，感兴趣的用户可以用小程序填写相关的信息，定期将用户提交的表单与前期梳理出的高频、高单笔消费的用户清单进行对比，把重合的名单重点列出来，作为优选沟通对象。能参与企业股权投资的用户有三大特点：有闲钱、有资源、有事业心。这些用户如果能参与投资，则能给企业带来开源的经济效益，如扩展销售渠道、提升品牌曝光、提供更长账期的供应商资源。笔者曾服务过的一个餐饮品牌，就是利用小程序成功地从1万多名的用户中沉淀出8名合伙人，获得300多万元的现金，为开分店及品牌广告投放奠定了坚实的基础，成功实现了23%的增长率，其中有两个分店都是由新进合伙人提供的资源，低成本获得最好的地段。在整个过程中，小程序起到了消息发布、数据采集、定金收取等一系列重要作用，特别是定金收取，可以很好地确认参与者的意向度，减小工作量。

小结：

企业与用户关系的终极目标是：实现单次购买→高复购率→CVL（用户终身价值）。

小程序重构企业用户关系的核心是：商品购买→投入关系→VC（风险性投资）。

2.5 小程序再造盈利模式

如果说用户是商业模式的心脏，盈利模式便是商业模式的动脉。

企业存在的核心是创造社会价值，支撑点是良好的盈利能力。传统企业的主盈利点是产品差价，无论是销售价与产品成本差价，还是销售价与进货价的差价，今天已经开始逐渐处于失效的状态。企业亟须找到一种新的盈利模式，攻克产品差价盈利的难度，小程序则成为解决盈利难题的最优工具。

2.5.1 产品差价——以成本为定价策略

产品差价是最基础的盈利点，在产品成本上加一定的利润卖给消费者，销售价减去成本即为利润，在这里就不做赘述了。

2.5.2 会员订阅——以价值为定价策略

将产品与服务融合成用户新的权益，用户以付费订阅权益为企业创造盈利点。这种会员订阅模式定价成败的关键是所设计的权益是否具有极强的诱惑力，通常表现在优惠力度较大、获得超预期的礼物、定期的会员关怀、特殊的会员福利等。便利蜂小程序在这一点就做得非常好。为了提升用户留存率，同时更高地提升现金流，它设计了一个超级会员模型，团队构思了一个"超级会员尊享5大权益"分别为：优选商品（专享价）、最高84元/月（咖啡3折券）、免费骑行（不收押金）满40减15（每日一次）、5%返利（无上限），如图2-11所示。

用户想要获取该5大权益，就需要花钱订阅该项服务，也就是成为超级会员，一个月是38元，3个月是98元，12个月是298元，最关键的一招是"自动续费"，如图2-12所示，能很好地锁定用户，提升忠诚度，提升现金流。

图 2-11　便利蜂小程序超级会员　　　　图 2-12　便利蜂小程序会员订购

2.5.3 抽取佣金——以流量为定价策略

移动互联网的发展很迅猛，水涨船高之下，流量随之越来越宝贵，广告主与流量主之间就开始形成了新的契约形态，有流量优势的企业可以为其他品牌或产品"带货"，或者是进行赋能。不需要完全遵守类似微信社交广告、百度搜索广告投放模式，是流量主与广告主、品牌商之间的自愿达成的临时或阶段性合作。流量主以自身流量池为基础，在自建或第三方平台上销售品牌商的产品，按照约定的 CPS 形式进行付费，也就是按照实际产生的销售额抽取佣金。

这种以抽佣形式提升企业盈利能力的小程序数见不鲜，如勾藤古茶小程序就是经典案例，因其小程序拥有不错的日活用户，为了丰富品类，为用户提供更好的一站式服务，该小程序运营团队找了一家茶具公司合作，为该品牌茶具提供销售渠道，以实际产生的销售额抽取佣金。

2.5.4 广告收入——以曝光为定价策略

从流量获取流量供给成为一条成熟的产业链，越来越多的企业参与该产业链中，用自身的流量优势为广告主提供流量支持，收取一定额度的广告费。

广告入口主要有三种形式：

1. 纯小程序形式

不同主体的小程序之间可以相互跳转，这可以作为广告入口的一种形态，将广告主为主体的小程序作为一个活动页加载到流量主的小程序之上。这种模式主要是按照时间付费，如一个季度、半年度、一年等。虽然很多传统企业缺乏互联网基因，但却有天然的流量优势，实体店就是其中最重要的流量入口，可惜大部分传统企业并没有重视小程序的运营，也没有很好地变现模式，这种情况下，就可以考虑用这一种方式获取广告收入，降低流量资源的浪费。

2. "微信公众号 + 小程序"形式

活用小程序、公众号、支付、内容 IP、广告、企业微信、视频号、小商店等能力，是各行各业面临的难题，需要更深入地了解并使用小程序的融合与链接能力，才能更好地发挥小程序的势能。下面简单分析一下"微信公众号 + 小程序"获取企业广告收入的途径。微信公众号具有天然的信息触达与管理优势，小程序具有极佳的用户体验与裂变优势，两者相结合能创造不错的商业价值，微信公众号的自定义菜单、关键词自动回复、被关注自动回复等均可以与小程序形成合力，用微信公众号为小程序导流。以微信公众号为例，如图 2-13 所示，就是通过其菜单跳转到小程序，引爆小程序流量的途径。

需要注意的是，要提前完成微信公众号与小程序的关联，才能实现小程序与公众号的无缝融合。其管理入口及数量要求，如图 2-14 所示。

图 2-13　微信公众号菜单插入小程序

图 2-14　小程序与微信公众号的关联

这里的微信公众号与小程序的无缝融合过程除了可以打造企业自身私域流量池之外，还可以很好地为不同主体的小程序提供流量支持，为其提升品牌曝光、销售突破，以此收取该企业的广告费。现在是处于流量慌时期，越来越多的企业开始用"微信公众号+小程序"的方式实现流量与广告费的价值交互，在双方认可的价值中各取所需。

3."微信公众号+小程序+产品关联页"形式

该形式与以上两种广告形式不同的是多了一层"产品关联页"。对于有广告需求的企业来说，能够形成"一级微信公众号入口+二级小程序入口+三级产品关联页入口"的流量渗透力。对于用户来说，从微信公众号点击进入小程序，再从小程序浏览到产品关联页，不会轻易感知这是广告，而是一步步接近产品购买行为，提升流量到订单的高效转化。随着获取流量难度越来越大，这种广告形式也开始广泛走进大众视野，在笔者提供咨询服务的一家零售企业中，就是采用这种模式，在三个月内就实现增长76%的傲人业绩，且实际只支付15 000元的广告费，获得如此大的收获，当时也是超乎了所有人的预估。

这种广告形式存在一定的风险，体现在两个方面：

第一，广告需求方提供的产品是否有品质保障，建议最好签订免责声明；

第二，流量供给方提供的流量数据表是否真实，建议考虑按照销量来付费。

因此，小程序作为链接流量供给的广告模式，广告需求方与流量供给方需要做好考察，建立基本的信任，才能让这种模式创造更大的商业价值。

2.5.5　数据服务——以数据为定价策略

现如今，微信已经变成手机必备应用软件，它的活跃度激起了社交与信息的进化，逐渐形成企业可用的数据流。每个企业都已经有标配的小程序和微信公众号，每个小程序和微信公众号的粉丝高频互动产生的活跃数据，不仅可以指导企业精细化运营，还可以进行对外商业化分享，给企业带来除产品之外的新收入，暂且称之为数据服务费。从笔者接触的企业及行业研究发现，小程序的势能远超微信公众号，这也奠定了小程序数据服务存在的价值，形成良性的数据服务商业连通也是必然趋势。

有一家企业的管理者曾找笔者咨询，其问题是企业的业绩连续两年多都处于萎缩状态，试过很多办法还是失败，没有有效扭转，他的需求是想找笔者通过同行的实际经营数据对比，找出企业本身存在的问题。正好笔者有一个朋友就是与他同行，我给出的建议是，提出数据需求并支付数据服务费用，就可以很快找到差距，还有机会得到同行的现场指导。最后还真达成了合作，笔者的朋友把小程序的阶段数据与指导建议打包给了对方，双方合作很满意。移动互联网数据越开放，企业的竞争力越强，能创造的商业价值越大。在移动互联网下半场，因 5G 的到来，小程序的资源链接能力更加显著，数据创造能力也必然会进一步增长，这也就是为何阿里巴巴、腾讯、百度、抖音等巨头纷纷重金加持小程序的核心原因。

在传统企业，企业可以借助小程序"激活"沉淀多年的数据，再以开放的心态、模式，将数据释放、清洗，为同行的企业赋能，从单一的产品销售业务衍生出"产品销售 + 数据赋能"的融合型业务形态，从数据需求到数据服务，将数据优势及时有效地高价值变现。这样做不仅仅能收获现金流，还能借此机会整合更多的资源，制造更大的影响力。

2.6 小程序激发核心资源

小程序在重构企业商业模式的道路上越走越远，激活企业核心资源是保障商业模式所构建出的价值网络运行落地的关键一环。

2.6.1 激活核心资源的三大价值

小程序激活核心资源主要有三个核心。

1. 取代部分现金流投入

当下是现金流为王的时代，用资源取代非必要性现金流投入，让企业时刻保持良好的现金流，能很好地降低资金链断裂的风险。

2. 提升企业整体运营能力

一个人跑得快，一群人走得远，企业经营是"跑马拉松"的过程，需要不断吸引优秀的人才、优势的资源加入，持续不断地深度强化企业整体运营能力，才有可能顺利实现企业的愿景。

3. 建立更高的竞争壁垒

笔者曾经读过一段话："如何爱上风，风会熄灭蜡烛，却能使火越烧越旺。对随机性、不确定性和混沌也是一样：你要利用它们，而不是躲避它们。你要成为火，渴望得到风的吹拂。"商业市场中，相互借力，形成风与火的共生，才能建立更高的竞争壁垒。小程序以新工具、新平台、新思维的"身份",可以巧妙地让资源形成凝聚力,以更强的竞争优势,让企业在不确定性且多变的商业环境中快速受益。

2.6.2 企业五大核心资源

1. 政策型资源

国家针对各行各业都有相应的政策扶持,如果企业学会利用这些资源,将会给企业锦上添花。与此同时,企业也可以结合国家大好的政策将企业优质的服务、产品推向市场,如"大众创业,万众创新""乡村振兴战略""全民阅读"等都是很好的政策性资源。

案例 2-1:蜂享优品的顺势而为

蜂享优品的创始人王国亮,在央视新闻报道"乡村振兴战略"的时候,其团队捕捉到这是一个很有利的政策型资源,开始构思如何借助小程序在五环外市场找到一个新商业蓝海,最终搭建了蜂享优品小程序,如图 2-15 所示。蜂享优品在五环外的江苏一个小城市开始以"乡村振兴"为依托,为当地商户建立私域流量池,扶持商家更好地实现资源变现,如今已经小有成就,得到甲骨文等知名企业的支持。

图 2-15 蜂享优品小程序页面

2. 文化型资源

企业的发展过程本质上是一个集势的历程,其中注册商标、知识产权、发明专利、软件著作权等,这些在很多时候不被企业重视的内容就是文化型资源。随着时间的推移,企业积累的文化型资源数量会越来越多,只要运用得当,都是日后有效的权益保护利器,更是一笔巨大的财富。

案例 2-2: 知呱呱的破局飞翔

在文化型资源运营上,知呱呱知名产权是以小程序及微信生态为机遇点的优秀案例。知呱呱发现很多企业有大量的可提升价值的知识产权,于是开始采用小程序,如图 2-16 所示,进行布局、挖掘,帮助企业从品牌、技术、内容等方面进行全方位的知识产权保护,使企业完全专注于科研创新,不再受任何知识产权问题的困扰。最终以此形成知呱呱的核心价值网络,实现行业破局飞翔。

(a)　　　　　　(b)

图 2-16　知呱呱小程序员页面

3. 人力型资源

虽然今天人工智能可以取代部分人力,但每一家企业仍然需要大量的人力资源,内部的员工资源及外部的人脉资源都是企业核心的资源。当企业遇到持久性的经营困境,甚至低迷期时,通常开始思考转型、商业模式升级,能否度过危机,模式是否能升级成功,重要的决定性要素还是企业内外的人力型资源。

4. 渠道型资源

无论是互联网科技企业还是传统行业,渠道型资源都是发展的关键推力。渠道型资源主要体现在供给侧的供应链资源,如厂商资源;需求侧的流量型资源,如代理商、分销商、加盟商;模式侧的服务性资源,如广告商。以蜂享优品小程序为例,所有代理商均推广同一个小程序,不同地区的代理商因为地理位置差异呈现出不同的内容,每个代理商可以享受该地区用户在线交易产生的相关收入,让渠道资源与企业形成命运共同体,共同把小程序平台运营好。

5. 金融型资源

越来越多的商业模式是依靠金融型资源推动的，如银行、信托、私募基金、公募基金、天使投资人等。如快速崛起的瑞幸咖啡、占据半壁江山的拼多多、用户规模急速增长的抖音等，无一不是资本的宠儿，也是创始团队金融型资源在发挥着巨大商业作用。依靠金融型资源取得商业成功的案例屡见不鲜，举不胜举。企业在成长过程中，需要不断发掘身边可用的金融资源，借助金融资源的力量快速实现规模化，以补贴用户的方式快速成为行业第一名后，就能获得更多资本商的青睐。

以上就是企业五大核心资源，这些容易被疏忽的资源，如今可以用小程序激活，释放资源势能，加速企业商业模式升级。

2.7 小程序聚焦关键业务

每一个商业模式都是由一系列的业务构成，但一家企业的资源与资本只有聚焦在关键业务上才能更好产生市场爆发力。小程序是以"小而美"的业务聚焦，以其极致的体验与社交裂变能力，合力形成企业商业模式重构的核心驱动力。

如何才能做到高度聚焦于关键业务呢？这是一项基础任务，这里给大家分享三种方法。

2.7.1 科学性画布法

科学性画布法不仅能够全面且系统地分析每个关键要素，而且可以更好地将优势与劣势视觉化。与此同时，画布法还能将业务中的元素进行标准化思考，可以从业务品类机会、业务成长性、业务规模性、业务延展性、业务成本、盈利能力、业务竞争优势、同类业务进入门槛、业务独立能力 9 个维度，用画布法清晰展示如图 2-17 所示，从而判断具体该项业务是取、舍、边缘化，还是暂缓运营。

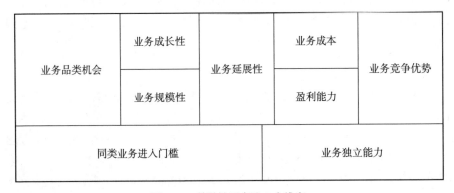

图 2-17 科学性画布法 9 个维度

2.7.2 系统化矩阵法

系统化矩阵法的步骤如下：

第一步，画一个矩阵，勾画出 x 轴和 y 轴，并定义其表示的意义。

第二步，找出企业所有业务在象限的位置。

第三步，找出最能突显业务价值的象限，从中梳理业务。

第四步，将该象限的业务定位企业的聚焦点。

现在企业比较实用的矩阵模型有两种：一种是周转率/利润率矩阵，如图 2-18 所示；另一种是流量池/复购率矩阵，如图 2-19 所示。

图 2-18 周转率/利润率矩阵　　　　图 2-19 流量池/复购率矩阵

2.7.3 严谨的脑图法

严谨的脑图法是表达发散性思维的有效图形思维工具，它简单却又很有效，是一种实用性的思维工具。它可以运用图文并重的技巧，把各级主题的关系用相互隶属与相关的层级图表现出来，把主题关键词与图像、颜色等建立记忆链接。脑图法是分析企业业务的高效工具，把业务能延展的要素或业务关键要素系统化地体现出来。

脑图法步骤如下：先打开思维导图软件，接着选择思维导图模型，再按照企业的业务机构以此填入思维导图中，最后再按照企业业务重要的衡量元素依次分析每项业务，如图 2-20 所示。

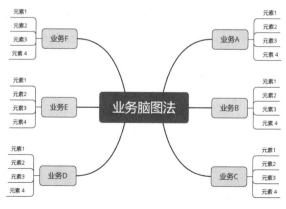

图 2-20 严谨的脑图法

按照以上三种方法可以很好地帮助企业对业务进行简化与优化，把利润率低、库存周转率低、缺乏竞争优势、难以占据价格主导地位、没有前途的业务砍掉，将人力、财力、物力用在有发展潜力、有品类优势、用户心智空白的业务上。业务精简后就需要开始用小程序搭建平台业务运营及商业闭环，努力打造企业的私域流量池。关于小程序搭建流程，将在第5章详细讲授，在这里不做赘述。

小结：本节讲授的是小程序重构企业商业模式的关键点，也就是聚焦关键业务，其中着重讲述了画布法、矩阵法、脑图法三种业务分析法，找到企业最佳聚焦的业务。

2.8 小程序新建合作关系

传统企业与当下新创企业相比，最大的优势之一就是有各方面的稳固合作关系，无论是供应链方向还是营销渠道方向。在科技创新的时代里，消费需求处于多变性、产品生命周期缩短、年轻人群崇尚个性化、技术对个体赋能、场景改变用户消费决策等，企业过去的很多稳固、高价值的外界合作关系开始一点点失效，甚至被悄无声息地瓦解，这也是今天大多数企业都面临的一个极其头疼的问题，也是企业商业模式升级的最佳机会。从过去依靠线下门店到京东、天猫、苏宁易购等平台电商，再到今天以小程序为私域流量承接点的社交电商，恰好是今天企业的难得机遇，重建更具优势的合作关系。

这一新建合作关系可以分为五大类。

2.8.1 基于产品创新上的合作关系

一家企业完全自主化、全链条地完成产品设计、生产等环节，需要消耗巨大的财力、人力、物力，与原来的纯单点支持的合作伙伴开始基于产品创新方向上的新合作，是移动互联网时代提升商业竞争力的有效途径。将小程序作为一条数据流主线，可以与合作伙伴进行数据共享，让帮助企业进行产品外观设计的合作伙伴能适时看到最新的用户反馈，让提供原材料的合作伙伴及时了解市场需求变化。真正实现基于产品创新上的合作关系，需要的核心不是技术，而是开放的形态，勇于与合作伙伴分享真实的数据。

2.8.2 基于行业之内的竞合式关系

俗话说"同行是冤家"，但在移动互联网时代，并非如此。混沌大学创始人李善友教授曾说："你以为你的对手是友商，其实你的对手是这个时代。"笔者很赞同这个观点。行业之内的企业携手同行，在奔向未来的道路上相互支持，而不被时代抛弃；在市场上，彼此又有一种健康的竞争关系，激励彼此不断地创新，走在时代前沿。小程序作为移动互联网下半场的商业进化推手，它是保持行业之内竞合关系动态平衡的重要器具，它强有力的渗透力,可以轻松地让原本是你死我活的竞争对手,用小程序对业务进行分拆,变成细分领域的领跑者,从边缘业务切向中心业务,形成新的增长力。

2.8.3 基于业务拓展的渠道型关系

基于业务拓展的渠道型关系本质上依然是从客户/用户角度出发,一段客户旅程是客户生命周期中的一段具体而分散的经历。现今多触点、多渠道、随时在线的消费市场让客户满意度不仅依赖于单个触点,而更关乎客户端到端体验,只有透过客户视角,关注整个客户旅程,方能真正理解如何大幅提高客户满意度。无论是传统成熟企业还是初创企业,都有一定的向外渠道关系,如分销商、加盟商、代理商等,在过去这些渠道型关系的唯一价值是体现在铺货、销售、服务上,从企业长远角度考虑,是不利的。只有将企业客户/用户数据集中在企业大数据平台上,才是长久之计,此时小程序能将穿针引线的作用发挥到极致。以蜂享优品合伙人为例,就是利用小程序将所有渠道数据进行在线化,只要是合伙人就能看到自己的渠道数据如图 2-21 所示。

图 2-21 蜂享优品合伙人小程序

2.8.4 基于企业内部的合伙人关系

企业内部员工不仅仅是服务方,更应是最懂用户的销售员,不能把企业命脉都交由渠道。利用小程序将所有内部员工变成在线销售员,实现全员开店模式,这个模式可以让每个员工选择自己最想卖或最擅长卖的产品加入自己的小程序店铺。

在移动互联网时代,基于小程序的全员开店,可以更好地打通企业与消费者之间零连接,让员工更懂消费者需求,拉近企业与顾客的距离。与此同时,还能把企业内部员工升级为合伙人,提升收入。

2.8.5 基于企业用户的会员式关系

如今,流量红利已接近消失殆尽,存量用户的关系升级成为企业突破式增长的有力武器,利用小程序唤醒存量会员的有效途径是会员制关系。比较常用的方法是,设置一个较高的会员门槛,提供一系列诱人的会员福利、权益、特权等,凡是付出一定成本成为会员后,这些用户的忠诚度就会迅速升级。

2.9 小程序颠覆成本结构

这个部分描绘的是运营企业商业模式,所需付出的最重要的成本之和。企业在利用小程序重构商业模式的过程中,创造及传递核心价值、维护客户关系、打造关键业务等均会产生不同类型的成本,如固定成本或可变成本。

2.9.1 小程序刷新企业生存思维

在硬件时代,企业运营商业模式首先会把硬件当成最核心的成本与利润中心;在移动互联网时代,因为有更多可以为企业创造利润的机会,企业就会把硬件作为运营商业模式的基础条件,不再只是作为"成本的累赘"。小程序可以很好地帮助企业从硬件时代的成本思维升级到移动互联网时代的价值思维,让企业可以更好地实现商业模式创新,加速走向智能商业时代。

2.9.2 小程序颠覆企业成本结构

在 2.5 节中系统化地讲授了小程序再造盈利模式,由于有更多的盈利点可以覆盖掉企业前期运营过程中的硬件投入,故硬件投入的成本基本上可以忽略不计。需要注意的是,软件盈利点是否能覆盖掉硬件成本不可太过主观,最好是用精益创业方法论。如今传统企业所在的商业环境越来越复杂,竞争门槛也越来越低,精益创业是提高成功率的好方法。

在精益创业方法中,创业起点并非计划,而是行动,然后是反思,最后是获得认可。起点是行动,并且是基于最小化可行产品(MVP)的行动,获得新认知再去指导新行动。

精益创业的方法论由三部分组成:

(1)假设:价值假设和增长假设。

(2)MVP。

(3)认知:经证实的可信认知。

现在需要的不是分析与预测能力,而是懂得如何洞悉那些正在发生的事物,并从已发生的事物中悟出道理,对下一步的行动形成有效的指导。

本章小结

人们需要一种科学、标准的语言,用于更直观地描述、评估、验证、改变企业商业模式。本章从客户细分、价值主张、渠道网络、客户关系、收入模式、核心资源、关键业务、重要合作、成本模型 9 个维度深度剖析了小程序重构企业商业模式的系统方法。

第3章

企业小程序差异化定位——进入用户心智

近年来小程序如雨后春笋般地出现,在概念化与放大其功效后,各行各业都重视开发小程序,但总体上缺乏商业化思考,没有达到企业所期望的目标,满怀期待的开始却变成了极其失望的无奈。究其原因是没有差异化定位,无法建立用户心智认知。差异化定位是企业所开发的小程序能否脱颖而出的关键因素。

本章围绕企业小程序差异化定位主题,系统地阐述如何快速让小程序进入用户心智。

3.1 勾画准用户的精确画像

企业小程序差异化定位的前提是认识需求,认识需求则从精准勾画用户画像开始。

用户画像为企业和从未面对面相遇的用户之间架设起人性纽带。例如,如果你曾经在社交网络上跟某人建立过某种关系,你就会注意到当你初次与这个人见面时,感觉会像老友重逢。这个人的照片、工作和个人生活的细节很可能决定了你们之间的互动,营造了一种亲切感,尽管现实中你们的工作和生活环境差别巨大。

勾画用户画像准确与否,首先要从企业自身真实的数据出发,主要是企业电商平台店铺(如京东、天猫、微商城等)数据,以及企业搭建的社群互动数据、微信公众平台统计的相关数据。其次,第三方数据,如百度指数、阿里指数、易观国际、艾瑞研究报告等。

1. 依据电商平台数据

以京东、天猫等为代表的电商平台都有自带或可订购的数据分析工具,如数据魔方,它可以进行购买人群的特征分析(如年龄、性别、购买时段、地域等),这些数据可以初步分析出用户的自然人属性,得出用户画像的基础轮廓。

2. 结合企业社群数据

企业社群数据比企业电商平台上店铺获取的数据更深一层,社群主要承载形式为抖音、知识星球、在行、微信群、喜马拉雅、小程序等,也可以是企业自行开发的社群工具。通过这些以人为中心的社群互动,可以获取到更有价值的用户活跃度、利益偏好度(价格敏感程度、对促销活动关注度、优惠券关注度)、产品需求度(购买频次、喜欢型号)、主题偏好度(风土人情、艺术喜好)等系列数据,更准确地勾画用户画像。

3. 结合微信公众号数据

数据越丰富，用户画像就越精准，越有利于小程序的差异化定位。微信公众号对企业用户管理、数据分析起到关键作用，这些数据都是用户主动关注微信公众号后才能留存下来。微信公众号主要产生的数据有：特征数据、地域数据、访问设备、用户互动频次、产品喜好、活动连带率（营销支付件数/营销支付订单数）、消费时间（R）/频次（F）、七日活跃度、品牌关注度等。

4. 第三方参考数据平台

1）阿里指数

"阿里指数"平台可以从买家（即用户）性格占比、地域、星座、年龄、喜好、搜索习惯、关键词等维度呈现大数据，供企业在勾画用户画像时使用，如图3-1所示。

（a）

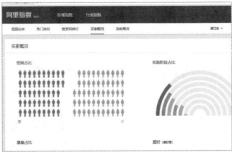

（b）

图 3-1 阿里指数平台

2）百度指数

"百度指数"平台可以依据产品对应的关键词，锁定人群画像，包括用户年龄、地域、消费能力、兴趣点等相关的数据，如图3-2所示。

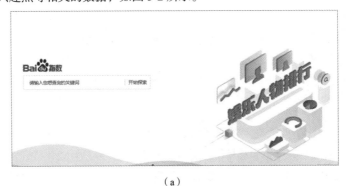

（a）

图 3-2 百度指数平台

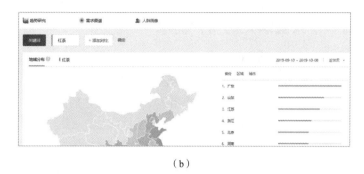

（b）

图 3-2　百度指数平台（续）

5. 勾画用户画像的方法

1）基于工具生成用户画像

有条件的企业可以搭建企业数据管理平台（DMP）。它的核心价值是将企业自身数据与第三方的数据统计整合在一起，通过云计算、机器学习将企业存储在电商平台、社群平台、微信平台上的数据进行自动清洗、标准化、标签化，再按照企业设定的画像维度自动输出用户画像。有大数据作支撑，DMP 可自动生成企业需要的用户画像，还能依据画像智能推荐营销方向、产品创新、品牌打造等有价值的方案。

2）基于手动的用户画像

DMP 功能庞大，需要租赁 / 购买服务器、专业人才、持久维护等资金上的投入，对中小企业来说是一笔不小的成本。下面介绍低成本的手动勾画用户画像的方法。

首先，构思企业所需要的用户画像维度，比如基础属性（年龄、地域、家庭）、渠道偏好、价格敏感度、分享驱动要素、品牌信任度、广告敏感度、页面浏览习惯、主题性偏好、生活习惯、产品喜好等。

其次，用 Excel、XMind 思维脑图等工具将收集的用户画像基础数据进行整理、分析、归类、清洗、打标签。在此过程中，如果发现缺乏数据支撑，可以重新回到上一步收集数据，也可以找同行的朋友提供些数据作为参考。要尽可能地杜绝主观性对数据进行更改，甚至填写猜测的数据。数据一旦不真实就会误导勾画企业真实需求的用户画像，对小程序差异化定位、战略规划都会产生负面影响。

然后，用工具将填充数据后的内容导出成一张图片发给企业各部门负责人人手一份，进行内部沟通，对用户画像图进行纠错、纠偏、补充，到定初稿。到这里，还没结束，需要进行一轮测试，针对画像设计一个小型活动。比如画像中用户的价格敏感线是 1000 元，也就是价格低于 100 元时用户决策速度会明显加快，可以用小程序做一轮社交广告投放，将原来 120 元的价格调至 89 元，然后再看一下销售数据、订单转化率的变化情况，如果明显提升，就说明画像的准确度可行；反之，则继续打磨，直至验证用户画像达到高准确度为止。

3.2 找到一个未被满足的用户需求

用户画像可以很清晰地将用户的长相用立体的形式呈现在于人们的大脑。画像背后一定隐藏着用户的显性需求和隐形需求。显性需求是用户能直接说出来的痛点，隐性需求是指消费者在头脑中有想法但没有直接提出、不能清楚描述的需求，例如，有些人一到有特色的地方必拍照片且带定位发一组朋友圈。

充分竞争、物质过剩的时代，用户的显性诉求已经被充分挖掘，洞悉用户的隐性需求会变得更加重要。例如，在喜茶成功之前，很多投资者分析过饮品市场，结论是存量市场，没有什么可以发展的机会了，但是喜茶却成功了。因为喜茶不仅满足了消费者产品品质的需求，更为重要的是满足了年轻用户以奶茶为载体，对社交炫耀的需求。

如何挖掘这些隐藏在用户画像背后的隐形需求，是企业小程序差异化竞争力的重点。

3.2.1 整理用户投诉或抱怨的记录表

大多数公司都是把处理客户抱怨、投诉等事宜作为棘手的工作，却忽略了它对挖掘用户隐形需求的重要性。隐形需求往往隐藏在细节之中，每一次用户的投诉都是一次挖掘隐形需求的良机，每一次用户的抱怨都是引导用户说出痛点的机会。笔者曾服务过一家服装企业，在服务过程中运营部门多次反映客户抱怨衣服虽好看，但是不知道搭配什么鞋，经常找客服咨询该问题，客服又觉得耽误时间，影响自己完成绩效考核（KPI）。这个问题一直持续了3个多月，已经有17起了，运营部总监一直是用安慰客服的方式处理。直到一天晚上笔者又收到客服抄送的邮件，笔者就单独找总监交流了一下，最后决定找个厂家为自己代加工生产鞋，将衣服与鞋搭配好，但是鞋需要预定，7天发货，有人预定再生产。

这个案例就是典型的从抱怨中挖掘到的用户隐形需求，不仅解决了客户抱怨，还提升了企业的收入。

3.2.2 查看电商平台的差评率及关键点

除了客户抱怨与投诉之外，还有一个更直接的方法来探索、挖掘未被满足的用户需求，就是电商平台商品页呈现的评价。比如，当当电商平台商品好评的满分是10分，低于7分时该商品就极有可能被下架；京东商城商品好评的满分是100分，当低于80分时，该商品就与用户需求相差甚远，属于恶性竞争状态。这些分数仅仅是表象，每个商品评价都是用户与该商品的零距离交互，特别是当用户收到商品后给了长长一串差评文字，而且几天后还追加差评。此时平台需要克制情绪，如果真如用户文字所表述的那样，就需要开"反思会"，找到解决办法，反省其带来的教训与可能存在的机遇。

笔者在写第一本书《小程序电商运营宝典：平台电商、社交电商全新变现之道》时，到京东、当当、亚马逊等电商平台上看了很多关于小程序的书，并重点看了一下每本书下面的用户评价，想客观地了解一下读者的痛点、隐形需求。在看到某本书下面有一个用户留言"惊呆了，我脑壳冒泡，172面，100页都不到，就介绍了一下小程序，我要的是策划运营"。该留言给笔者的启发很大，笔者决定将原定位于"小程序创业"修改为"小程序电商运营"，这才有了《小程序电商运营宝典：平台电商、社交电商全新变现之道》这本书的出版。

企业运营部的人员应该养成定期看评价的习惯，怀着感恩的心，感恩用户如实反馈问题，这样会让企业更理性、客观地看待问题，更能理解用户需求变化的本质。

3.2.3 调取企业微商城的销售数据

企业微商城是基于微信公众号的电商体系，也是传统企业从CRM（Customer Relationship Management，客户关系管理）向SCRM（Social Customer Relationship Management，社会化客户关系管理）升级的常见通道并成为了企业探索用户隐形需求的重要途径。企业探索用户隐形需求主要有以下5个途径。

第一，在线客服。用户通过微信公众号与企业在线客服沟通过程中会提出很多的疑问，有些用户会直接把自己对产品或服务不满的地方表述出来，同时还会提出自己的建议，客服人员应认真听取并整理成册，并将其中有针对性的问题发给不同的部门。

第二，商品评价。微商城上购买商品的用户与京东、天猫等电商平台上的用户习惯稍有不同，这些用户普遍不会轻易给好评，除非是企业有巨大物质型奖励，因此用户要么不评价，要么就是负面评论。虽然微商城后台支持删除负面评论，但是建议微商城运营者无论评论真实与否先如实复制粘贴到统一的文档中，用于探索背后的原因，可以进一步找出未被满足的用户需求。

第三，用户留言。微信公众号与微商城是一体化，有很多的用户用微信公众号留言，企业可以定期查看，也可能会探索到未被企业商品或服务满足的隐形需求。

第四，兴趣用户。这里的兴趣用户是指"近7天有加购行为，但没有成功付款的用户"，既然用户把产品放进了购物车，却没有付款，可能是对产品信任度不高、对价格不满意、对产品存在疑问等诸多因素，建议企业第一时间与其沟通，了解用户的真实顾虑，这是提升销售与探索用户隐形需求的难得机遇。

第五，互动粉丝。这里的互动粉丝是指"8小时内有在微信公众号内发生过互动行为的粉丝"，如图3-3所示。微商城或微信公众号运营人员只要用心与粉丝进行互动，慢慢把买卖关系升级到朋友关系，这些主动在微信公众号上互动的粉丝也会乐意给企业提一些宝贵的建议。如果企业再给点物质激励，他们也有可能会推荐更多的朋友参与企业所需要的互动型市场调查，为探索隐形需求打下坚实的基础。

图 3-3　微信互动粉丝

3.3　解决用户特定的痛点

精准勾画了用户画像,也探索了未被满足的用户需求还远远不够,还需要解决用户特定的痛点,这个痛点往往是在某个特定的场景下才会出现,市场上还没有让用户解决该痛点的第一选择,剖析得更深一点,是没有一个品牌的产品进入用户心智之中。举个例子,"小饿小困,喝点香飘飘"广告中,如图 3-4 所示,"小饿小困"是特定的场景,让"香飘飘"悄无声息地进入用户心智。

那么作为企业运营人员,如何才能找到企业品牌、产品中特定的痛点呢?

图 3-4　香飘飘产品图

3.3.1　记录购物过程中的心理状态

优秀的运营人员都会把自己作为用户的整个购物过程记录下来,就是找到这种特定痛点的天然有效办法。笔者正在服务的一家企业是卖茶叶的,这种茶叫"莓茶",在该企业创始人找我的时候,我还是第一次听说这种茶。创始人用了一小时把该产品的由来、历史、传奇故事、产品作用、市场情况详细讲述了一遍,因为笔者之前没喝过,还是心里没有底。之后,笔者花了一周的时间,从一个普通消费者的身份把莓茶从搜索、调查、咨询、购买、品尝、总结全过程记录下来了,发现它解决我特定的痛点是"讲课时间长了咽喉不适",它有很好的回甘效果,之后就一直坚持喝下去了。

没有任何产品是万能的,一个产品只需要能很好地解决用户特定场景下的痛点即可,接下来要做的就是把痛点显性化,让用户在痛点出现时第一时间想到产品,就是极大的成功。

3.3.2 建立一个以用户为中心的社群

在未来商业中,社群是企业与用户连接的新业态,企业必须从用户、合作伙伴、员工等角度建立自己的社群,其中最重要的是进行用户导向,合作伙伴、员工围绕用户导向进行社群服务,社群成为企业、用户、员工、合作伙伴共同成长的生态圈。

以用户为中心搭建社群体现在以下 3 个方面。

1. 内容推动社群成长

在社群之中营造专家型内容(PGC)、用户生产内容(UGC)文化氛围,让用户在社群中形成圈层效应,企业可以通过社群中圈层文化嗅到用户需求或痛点变化。例如,知名网红李佳琦,她在粉丝心里是绝对的"口红专业户",只要她简单地秀一下口红,说几句话,评价就如潮水般涌来,这些评价在新粉丝的跟进下快速裂变,成为热点。

2. 建立用户深度连接

用户与用户之间产生深度连接,产生自发的交流、帮扶行为,让社群持续产生活力。产生连接的方式主要有以下 4 种。

(1)以内容来连接。这种连接的社群在我们的微信朋友圈随处可见,如在朋友圈或微信群看到一篇教你如何快速制作幻灯片(PPT)的文章,点击进去看完后很受益,底部会有一个二维码,识别后就进到了设定好的社群中。

(2)以话题来连接。这种连接方式也很常见,如 2019 年曾在微信、微博、抖音等频频刷屏的"庆祝新中国成立 70 周年的大阅兵"活动,随着国歌的播放,平时"潜水"的好友也参与点赞、评论,进行友好互动。

(3)以身份来连接。这种以身份切换社群的连接方式是以小众为出发点,形成快连接的过程。如大学校友社群、企业 VIP 社群、业主交流群,又或者茶艺交流群。进入这些社群有一定的门槛,就是需要满足特定的身份,才有社群连接的资格。

(4)以行动来连接。这种以行为导向的连接方式,需要提前设计好行为规则,引导进行连接。例如,在抖音、喜马拉雅、一直播等平台上,需要与主播或粉丝有过三次以上的在线互动,然后将截图发至微信公众号,客服引导进入指定的更高级别的社群。

3. 健康的社群文化

在日常生活中,我们经常会被朋友莫名其妙地拉到陌生微信群或其他社群,碍于朋友面子,一般都是硬着头皮进去了,但因其中只是各种广告、没有营养的交流话题,最终还是选择默默退出。这就是典型的没有塑造社群文化、社群规则、人员审核等因素所致。用户需要被用心呵护,让每位进群的用户感受到被尊重、被关爱、有福利、能学到知识等,才能让社群有持续存在的必要。

企业搭建好社群后,就可以通过社群与用户建立更持久的关系,当用户被企业信任度达到一定的高度后，他们就会顺其自然地表述内心的真实想法，企业就可以从用户身上获取到更多有价值的信息，有更多的机会找到用户特定的痛点。

3.3.3 组建企业内部"客委会"

笔者走访过很多成功企业与创业公司，发现真正做得成功的企业都是极其关注用户的，有相当一部分公司还成立相关的部门，专门研究用户需求、购买决策、痛点等级、用户满意度等问题。对这类部门，不同的公司也有不同的叫法，笔者暂且取一个统称"客委会"。

"客委会"有三大使命：

使命一：定期研究公司所在行业用户数据，判断公司发展方向。

使命二：定期梳理内部与用户相关的数据，及时研究需求及痛点。

使命三：定期组织不同部门研判基于数据反应的用户体验升级方案。

事实上，大部分公司都有"客户第一"的企业文化，而实际运营过程中却转变为"销售第一"。要真正挖掘到用户最大的痛点，找到企业产品解决用户特定场景下痛点解决方案，需要有专人抓取用户数据，潜入用户内心深处，这正是"客委会"能为企业带来的最大价值。

3.4 分析精准用户的产品认知

猎豹移动的 CEO 傅盛写了一些文章，系列名为"认知升级三部曲"，笔者反复看了几篇，其中"人和人最大的差别是认知"，还有"认知，几乎是人和人之间唯一的本质差别。技能的差别是可量化的，技能再多累加，也就是熟练工种。而认知的差别是本质的，是不可量化的"，以及"人认知的四种状态——不知道自己不知道、知道自己不知道、知道自己知道、不知道自己知道"等几句话让笔者很受触动。

正如傅盛而言，随着移动互联网带来的信息量暴增，刷新了用户对生活、消费、学习等系列认知。例如，过去用户认为大平台的东西质量有保证，买东西直接上京东、天猫、家乐福等；而今天用户则认为身边有熟人使用，才说明产品是靠谱的，于是社交电商就油然而生。研究表明，判断用户消费认知水平与准则成为重要的工作。

3.4.1 分析用户对产品的认知逻辑

用户对产品的认知主要是由三个要素决定的。

第一，知识体系。受教育程度越高，越喜欢阅读；越喜欢思考的用户，其知识体系越丰富；对产品品质的认知水平越高，同样对产品的综合要求也越高。例如，拼多多上的产品以三线及以下用户为核心，他们受教育程度相对低，打的是价格型认知用户，用户的认知是价格越低越实惠。

第二，生活阅历。使人成长的不是时间，而是阅历。一个生活阅历丰富的人，消费频次越高，产品专业知识就越丰富，越能快速辨别产品质量，同时也会更加在乎产品综合品质。

第三，职业生涯。一个人在公司/单位的职位越高，消费能力越强，品味就会相对高一些，在日常消费时会更在意大品牌，也更舍得花重金提升生活品质。

用户在购买产品时，所做的决策就是他/她的认知边界。用户的认知状态会告诉他/她应该购买什么品牌、什么价格、什么品质的产品。所以傅盛说："认知，几乎是人和人之间唯一的本质差别。技能的差别是可量化的，技能再多累加，也就是熟练工种。而认知的差别是本质的，是不可量化的。"

企业需要持续不断地分析所服务用户的认知水平，再结合用户画像，给产品展示、销售、服务的小程序平台一个定位，通过平台定位突显产品品质，这个定位要在用户认知范围内。

3.4.2 塑造用户对企业产品的新认知

认知很难量化，只能通过外在产品、品牌、平台探索，从各种反馈的现象评估认知。特别是对产品的认知，都是品牌塑造的，品牌又需要平台支撑。因此，塑造用户对企业产品的新认知，可以从四个方面来实现。

1. 准确定位产品价值

大多数情况下，用户都是带着需求购物，需求就对应着企业产品价值。例如，红牛维生素功能饮料，在人体新陈代谢中协同作用，获得抗疲劳功效，可在工作学习、会议培训、考试竞赛、熬夜加班、运动健身、长途驾车、户外旅行等场合饮用。

2. 基于用户痛点宣传

例如红牛的宣传语："困了累了，喝红牛"。准备长时间开车的人，一般都会购买一些红牛放在汽车后备厢，这折射出的痛点就是抗困、解乏。对于红牛品牌，它塑造的产品价值就是抗困，刺激人保持清醒。

3. 塑造真实可信案例

移动互联网时代的媒体很发达，仅仅依靠文字、视频来描述产品价值是无法建立用户信任的，真实案例是解决该问题的有效办法。例如，笔者曾建议一家服装企业开发小程序提升用户体验，该企业一直处于怀疑状态，迟迟没有行动，直到笔者把七匹狼利用小程序实现业绩倍增的案例发给他们看，他们才毫不犹豫地采取行动。通过可信的案例，企业更容易以亲和的方式，塑造用户认知。

4. 告诉用户购买平台

一个产品只要热卖，就会很快被市场竞争对手模仿、抄袭，对于用户来说，是很难辨别真假的，对塑造用户认知会产生负面影响。用平台识别品牌，用品牌识别产品真伪，可以很好地塑造用户对产品的认知。例如，勾藤古茶品牌，曾经在线上调查发现，很多消费者反映分不清真假，怀疑自己买到的是次品或假的，喝起来没有回甘的感觉，公司很快通过各大渠道告诉粉丝、用户，目前该公司只通过企业官方小程序销售，其他渠道均不是官方。很快勾藤古茶的销售有明显地提升，这就是用平台塑造用户认知的方法。

有时候，企业高估了用户的学习与认知能力，用户并不愿意花太多时间研究产品真伪，只要有一次受到伤害或感到不满，更会对该品牌产品产生"差评"心理，形成负面认知。

3.5 找到行业中的竞争对手

现在的市场竞争很激烈，每家企业所进入的行业，都会有强劲的对手，可以从6个维度分析竞争对手的优劣势。

1. 产品维度

竞品核心卖点是什么？价格优势在哪里？成本结构是什么样的？软肋在哪里？

2. 团队维度

竞争对手的团队优势是在技术上还是营销上？

3. 市场维度

竞争对手的市场定位是什么？用户画像是什么样的？用户满意度如何？重复购买率是多少？

4. 资源维度

竞争对手是资本烧钱还是自力更生？供应链方向有什么核心资源？

5. 渠道维度

竞争对手的销售渠道是如何布局的？布局及管理的模式是什么样的？

6. 平台维度

竞争对手是否有自营的品牌展示及产品销售平台？是否入驻了京东、天猫、唯品会、抖音等电商平台？是否开发了微信小程序电商平台？各平台的运营团队规模多大？销售情况如何？

从以上6个维度分析竞争对手，再反观企业自身的核心优势在哪里，学习对手身上的优点，避开正面竞争，用企业的优势进攻对方的软肋。例如，瑞幸咖啡并没有直接与星巴克竞争，而是定位于快咖啡，借用互联网平台，用线上往线下覆盖的模式与星巴克形成有效竞争，并且屡屡获胜。瑞幸咖啡是典型的资本运营手法，一个月可以开上百家店，与开一家经营好一家的星巴克，形成"快鱼吃慢鱼"的态势。

3.6 取一个未被用滥的名字

小程序承载着升级传统企业差异化竞争力的重要使命，从结合用户画像、用户认知、用户痛点、市场竞争等内容，为小程序起一个可以代表品牌个性的名字非常重要。

为小程序取名要遵守以下几个基本原则。

1. 控制在最佳字数

字数尽量不超过七个字，五个字之内最好。例如，七匹狼服装的"小七快赚"。

2. 强调与企业品牌的相关性

小程序与企业品牌有着密不可分的关系，在企业小程序生态中，用户对品牌的认可度与认知度对决定其是否会在小程序上消费。当用户已经在企业 App、微信公众号、微商城上留下一定的"足迹"后，他们会习惯性地按照自己的记忆进行搜索。例如，三只松鼠的"三只松鼠投食店"。

3. 与企业定位相关联

企业的每个小程序都需要有不同的定位，意在告诉用户，这个小程序与其他小程序的差异化，给用户带来何种独特的价值。

4. 便于用户快速记忆

小程序的名字尽量简单好记，避免用生僻字或比较艰涩的外语词汇。一般而言，人的心智只接受与其之前的知识与经验相匹配或吻合的信息。一旦这个简化的名称进入用户的心智，就会快速建立记忆形态，存储起来。

5. 可以与公众号同名

同一主体的微信小程序与微信公众号可以同名，因此企业实在想不出满意的名称，也可以用微信公众号的名称。

时至今日，一个无力的、毫无意义的名字很难进入用户的心智，企业必须取一个能开启用户认知及准确定位的名字，一个能告诉潜在客户该小程序特点、价值的名字。

如若企业现有的品牌或产品已经在用户心里存在"过时、过气"的劣势地位，最好考虑不用品牌名作为小程序名称，因为要改变用户根深蒂固的认知习惯是非常难的一件事。例如，诺基亚在用户心智中就进入"过时"状态，再建小程序平台就要尽可能地避免使用诺基亚原名字。

3.7 用一句话为小程序进行差异化定位

定位不是围绕产品进行的,而是围绕潜在顾客的心智进行的,也就是如何让小程序在用户心智中与众不同。"定位之父"特劳科曾说过:"定位的基本方法,不是去创造某种新的、不同的事物,而是去操控心智中已经存在的认知,去重组已经存在的关联认知。"小程序对企业转型升级如此重要,如何让用户在成千上万的同类小程序中对小程序情有独钟,这就是差异化定位的本质。

关于小程序差异化定位的方法,这里着重介绍三种见效快的方法。

3.7.1 对立型定位

这种定位是基于对手的竞争性定位,常用于行业竞争到白刃化的阶段。如果小程序正是诞生于这种状态,推荐企业使用这种定位模式。

对立型定位,首先需要找到一个强有力的对手,知名度越大越好;然后有针对性地提出差异化定位,语言呈现形式为"更""比""不""没有""不是……而是……",强化对比优势,用对手的强大快速提升自身的影响力。成功的案例如下:

(1)瓜子二手车,没有中间商赚差价。
(2)农夫山泉,我们不生产水,我们只是大自然的搬运工。
(3)神州专家,更安全的专车。
(4)雅迪,更高端的电动车。
(5)不是所有的牛奶都叫特仑苏。

3.7.2 功能型定位

这种定位集中强调产品具体的特殊功能和价值,甚至要给消费者一个明确的利益点,并通过场景或故事说服用户相信它的独特价值。

功能型定位往往是针对某一类细分人群,因其在特定的场景下,出现明确的痛点,用定位直接将其引向小程序或其他渠道购买。这里常用的定位形式有三类。

(1)剑指痛点模式。形式为"……就用……""有……(就)用……"。

举两个有代表性的案例:

① "胃痛、胃酸、胃胀,就用斯达舒"。这里主打胃不舒服的人群,只要胃不舒服就会第一时间想起"斯达舒",与同类产品形成明显的差异化。

② "有腰突,找曲度"。该产品主打老年人群,只要腰椎不舒服就会快速联想到曲度产品,让孩子或自己购买。

(2)直言卖点模式。形式为"……有……"。如:"农夫山泉有点甜"。

(3)数字表达模式。形式为"……时间……时间"或"数量……数量……"。

① "OPPO手机,充电五分钟,通话两小时"。
② "加多宝凉茶,十罐凉茶,七罐加多宝"。

3.7.3 升维型定位

这种定位方式与第一种对立型定位有类似之处,它们都是因商业红海竞争触发的差异化定位,却有着本质的不同。升维型定位是放弃与原有竞争市场拉锯战,升级到更高的维度,进入一个新的市场。

升维竞争的适用面比较广,初创型企业、创新型企业、饱和市场中的成熟企业等,通常进入一个新的市场,可以不用直接对标之前的竞争对手,也不必进行功能型定位,而是开创或刷新进入市场。

这种升维型定位,它的表现形式为"……行业开创者""重新定义……""……革命"。它通常让人产生很高大上、很高端的感觉,也正好满足用户好奇、大牌、科技感的心理,对销售带来更高的转化。

案例3-1: 小米是互联网手机行业开创者。在传统手机品牌如金立、OPPO等展开大规模的竞争之时,小米选择升维做互联网手机,用互联网思维做手机,用手机作为基点,从MIUI(小米手机操作系统)起步,论坛作为支撑点,搭建小米生态。2011年小米手机发布,以互联网手机名义,成为当年互联网企业的亮点,用升维型定位赢得互联网手机新市场。

需要注意的是,升维型定位并非以打败对手的竞争性为导向,而是以用户需求为导向,发掘、创造用户新的需求,将市场切换到新的赛道,成为新赛道的开创者、领导者。与此同时,升维型定位需要企业家、创业者有一定的战略格局、市场眼光、分析能力,也要避免好高骛远、太过主观,要考虑用户接受度、新市场磨合期等切实问题。

温馨提示: 建议在阅读本书时拿上一张白纸和一支笔,在阅读过程中,学习、思考、分析、实践同步进行,无论是用户画像、用户需求、特定痛点、产品认知、竞争对手、好的名称,还是差异化定位模式,都是从碎片化内容到系统化确定的过程,需要大量数据、信息来佐证最终的可靠性。

可以采用图3-5的画布思维法,进行系统化思维,提升思考与实践效率。

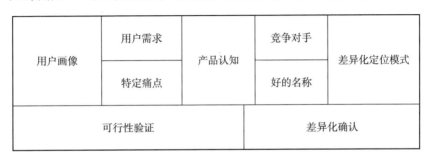

图3-5 小程序差异化定位画布思维法

本章小结

  本章从勾画准用户的精确画像、找到一个未被满足的用户需求、解决一个用户特定的痛点、分析精准用户的产品认知、找到行业中的竞争对手、取一个未被用滥的名字、用一句话为小程序进行差异化定位7个知识点,详细阐述了企业小程序差异化定位的整个流程,让小程序快速进入用户心智。

第 4 章

企业小程序战略布局——开创全新品类

随着互联网流量红利的消失,寻找新的增长空间成为企业永恒的主题,也是困扰企业家及创业者的核心问题。今天能有好的新增长空间与机遇,大多数都是以小程序为中心的轻量级社交电商、社交裂变方向的企业,典型的企业有拼多多、什么值得买等。这些新晋"独角兽"企业的顺利上市,更是让各行业都一头扎进小程序这个领域。

当所有人的焦点都投向小程序领域,蓝海也变成了红海,那么有没有一种办法让你的企业借机也变成一只"独角兽"呢?有两种屡试不爽的办法:一种是第 3 章讲述的用小程序差异化定位快速让小程序进入用户心智;另一种办法就是本章即将要系统化讲授的借助小程序为企业开创全新品类,成为新赛道的第一名,从红海市场切换到蓝海市场。

4.1 开创新品类有哪些实际的企业价值

成长是人生永恒的话题,增长是企业永恒的使命。当下,影响企业增长的熵增、业绩下滑、缺乏创新精神、无法找到新的增长点等问题,最好的解决办法就是开创新品类。

当一个创新、创业企业从紧张有序的组织管理进入成熟阶段后的高复杂性管理,团队开始出现各自为政,争权夺利,出现官僚主义,组织原有的强执行力变得低效起来,团队凝聚力开始涣散,组织能力逐步丧失。随着时间的推移,企业这种混乱状态变得越来越严重,以至于企业能预示到重大商机,但由于组织能力的丧失,难以抓住该商机,企业随即出现极限点,表现形式是企业业绩持续下滑,员工不再像创业初期那样听从领导者的随时调遣,这种现象则被理解为企业熵增。

4.1.1 破除制约企业健康增长的熵增

企业熵增是制约企业健康成长的最大阻碍,破除企业熵增的办法之一就是通过开创新品类,启动新的产品体系,激发团队的创业精神,使他们焕发出打拼新事业的激情。

开创新品类破除企业熵增有以下几种方法。

1. 用新增长让团队中的一部分先蜕变

面对新的品类商机,团队中一定会有人像狼一样,也将此作为"猎物"。他们可能会散布在各部门中,如果按照公司过往的下发式将这个重要机会派发至项目部或运营部等,很有可能会出现项目夭折。但是，企业可以将下发式改为招募式，公司不再局限于部门、层级等管理型的限制，而是以官方红头文件的形式对全公司的中高层、基层发布公司正准备开发新品类、新产品的消息，想要挑战的人可以申请加入。

为了让商机变成现实的成功率更大，建议采用独立小组织的形式，赋予同等的权利与使命，提升小组织的灵活性，以快速应对新市场环境中的种种不确定性与危机。

需要的是，不能仅仅在形式上重视这一商机，而是对每个申请加入的人要严格审核、约谈，给出开放、诱人的条件，也要给出明确的奖罚措施，让这些有能力却被公司熵增文化压抑的人，像野狼一样快速增长。当新品类开始逐渐开花结果，各大媒体开始竞相报道时，小组织会在大家的共同努力下，克难奋进，赢得更多的鲜花、掌声，甚至被邀约到各大型会议分享，同时也会获得公司给予的物质、精神奖励。

以此坚持下去，这个先建立的独立小组织有名有利，很快会成为企业其他内部员工的羡慕的地方，实现用一部分人的先蜕变影响其他人的蜕变，就能一步步破除企业熵增问题。

2. 用小程序新工具激起团队新兴趣

从传统门店，到PC互联网，然后到移动互联网，再到万物互联时代的快速变化，更多的商业焦点开始向万物互联时代倾斜，其中小程序成为企业从移动互联网向万物互联进化的最佳途径。作为刚兴起的新生事物，小程序能激起团队的好奇心，也是破除企业熵增问题的有效方法。

这里，依然建议成立独立小机构/小组织。选取对互联网、小程序有一定认知的年轻人作为小机构/小组织的负责人，对整个小机构/小组织的运营、管理、经营等全面负责，公司匹配相应的资源对其进行支持。负责人在选"战友"的时候，可以内部招募、内部推荐，也可以通过类似拉勾网、猎聘这样的专业平台或猎头公司招募、挖掘。注意，对招募的人员要进行意向确认、能力审查、专业评估，小程序是新生事物，必须有专业知识做支撑，选对人才是关键。

3. 痛定思痛的企业自我文化革命

一个好的企业文化能够适应不同的环境，在特定的商业环境中总能自我革命，推动企业健康发展，因此企业文化革命也是破除企业熵增的一种方法。为何大型成熟公司往往是最先进入熵增状态，很大一个原因就是企业的文化没有跟上商业环境的变化，正所谓"今天的企业文化中最应确立的一条：唯一不变的就是持续不断的变化"。

企业文化革命构成中，需要找到一个时机点，也就是明清时期王阳明大师所说的"事上练"，开创新品类，开发新业务，这是最佳的"事上练"。把重新构建的企业文化在一个独立小机构中反复打磨、调整、萃取，待雏形出来后，逐步渗透到全公司。

4.1.2 解除业绩持续下降魔咒

面对流量红利消失、物质过剩越来越严重、企业之间的市场竞争更加激烈、业绩持续下滑等现象，尽管企业在力挽狂澜，却无济于事，需要另辟蹊径，开创新品类，找到新的增长空间。笔者研究过大量的案例，发现开辟新品类业务所需要的成本远远小于在原有业务获得增长所需要的成本。很大的一个原因是：在原有业务体系中，产能越来越过剩，其他行业纷纷跨界进入本行业，竞争手段就是商品同质化背景下疯狂的价格战、补贴战，把原本以用户为中心的市场竞争拉进资本竞争的游戏。比如，喜茶从卖奶茶的茶饮品类横跨到卖口红的化妆品品类，帮助喜茶实现了新的商业增长。

4.1.3 找回企业应有的创新精神

企业开创新品类还有一个好处，就是找回企业应有的创新精神。创新是企业增长的核心引擎，它更多的时候是在不断打破企业原有认知，拓展了企业业务边界，能够带来新的增长。与此同时，创新可能是与现有业务为竞争关系，甚至有一定的冲突，行业称之为"破坏式"创新。

企业需要鼓励员工创新，给员工"破坏式"创新的勇气，允许他们犯错。笔者建议，在企业低估期可以采用激励价值创造而非绩效考核模式。华为在这方面做得很好，任正非曾说过："在华为，研发创新做出来是天才，做不出来是人才。假设一个新研究项目能够做出来，那华为就获得了天才；假设一个新研究项目做不出来，华为就得到了人才。因为能成功的项目非常少，所以做出来的就是天才。"

创新精神背后就是容错率，为何很多时候都是名不见经传的无名小公司最后颠覆了大公司，这是因为小公司能以更快的速度快速试错，且允许犯错，大公司健全的风控措施，不允许有太大的冒险动作，更不用说必要的冒进了。

企业开创一个新品类，需要面对很多的不确定性，而且还是非线性的问题。

创新，可能失败；不变，连改变现状的机会都没有。

4.1.4 打造企业第二增长曲线

企业的成长是不断反熵增的过程，以此获得有序健康发展。在大量的商业案例中发现，企业的成长，不会是永久性的线性发展，而是快速成长一段时间后到达企业的巅峰时刻，然后出现持续下滑，不管怎么努力，也仅仅减缓了下降速度，但仍在加速下滑，我们把这个巅峰时刻对应的数量或时间称之为"极限点"。在遭遇极限点之前企业就要稳住原有业务，我们称之为"第一曲线"，开始发展新的品类、新的技术，发展第二曲线。

大多数企业在巅峰时刻到来的那段时间处于顺势，管理者往往忽视了对极限点的观察，即使有很强的意识，也难以发掘极限点。混沌学园李善友教授曾说过："任何技术、产品、业务、公司、行业、组织，沿着同一条S曲线渐进性地增长，都会遭遇极限点"，同时他还给出了一个方法"单一要素发生十倍速变化"作为指导企业识别极限点。使用这一方法时主要看企业经营的两条曲线：显性曲线（收入、利润、市场占有率等）和隐性曲线（技术、产品、组织等），当其中一点发生十倍速变化时，就预示遭遇了极限点。

克里斯坦森在《创新者的窘境》一书中指出："企业一旦到达极限点，也是失速点，只有4%重新启动增长引擎。"现实中最好是在遭遇极限点之前就用新品类开启第二曲线，假如已经遭遇极限点，更应该考虑加速第二曲线的增长，而非花大量精力去维持第一曲线。

小结：利用小程序开创新品类可以帮助企业破除制约企业健康增长的熵增，解除业绩持续下降魔咒，从而找回企业应有的创新精神，打造企业第二增长曲线，帮助企业实现新的增长。

4.2 找到一个未被其他品牌过度开发的新品类

身处产能过剩、物质过剩的消费市场，用户已经不愁买不到所需产品，他们更多考虑的是如何买到更高性价比的产品。对用户来说，就是选择品类中耳熟能详的知名品牌或平台，比如购买互联网电视优先选择小米，核心就是在用户心里小米是互联网电视的开创者，是新品类的代表，如图4-1所示。如何找到一个未被其他品牌过度开发的新品类，这是开创新品类的又一重要课题。

图4-1 小米互联网电视

4.2.1 从分形角度探索新品类

很多企业并没有一开始就用新品类的思维挖掘品类机会，而是从一个子业务、新业务开始延展或衍生业务，在实际推进时往往也没有得到整个公司的资源、财力等倾力支持，有的最后还被合并到旧有业务体系/平台架构中，甚至被放弃。少数有品类意识的企业，并非简单地用子业务、新业务的尝试心态延伸业务线或布局生态，而是成立一个独立的小机构，公司重金、核心人才、重要技术全力向其倾斜，让其快速成长为具有核心优势的新品类领导者。

这种从企业或集体中成立独立小组织开发新品类业务的形式就属于分形思维，企业小程序快速成长的前提是公司从分形角度重金投入，找到新品类商机，让小程序能在用户心智中成为首选。

4.2.2 从行业异端探索新品类

开创新品类的"独角兽"企业基本都是来源于新创企业、新创品牌、新创平台，是以异端形式出现在大众视野。不能把眼光放在如今流行的主流品类，否则视角会被主流品类所遮蔽，看不到新品类机遇。

从异端探索新品类需要跳出固有行业，从局外人的角度才能看到新品类机会，如樊登读书会，跳出图书买卖关系，跳出传统的音频读书行业，开创"为用户讲书"的新品类，降低用户读书的门槛，解决用户读书时对内容的理解难题。如今，樊登读书会风生水起，上千万的会员。樊登读书并没有跟传统卖书、音频读书等主流品类竞争，而是独辟蹊径，开创讲书模式，为会员每年讲50本书，成为讲书新品类的杰出代表。

4.2.3 从技术角度探索新品类

企业开创新品类，也可以技术维度突破，找到新品类的机会。传统行业无法跨越的技术鸿沟，却往往被新晋企业用新技术跨越。例如，在自行车行业，曾经的摩拜从技术角度，以互联网短途出行解决方案，采用无桩借还车模式的智能硬件。用户通过智能手机就能快速租用和归还摩拜单车，用较低的价格来完成一次几千米的市内骑行。摩拜利用小程序加智能锁技术及定位技术等，在传统的自行车行业开辟了共享单车新品类，随着美团介入摩拜，摩拜不仅成为了共享单车品类代名词，且创造了"共享单车+生活服务"新经济体，如图4-2所示。

(a) (b)

图4-2 摩拜单车小程序

4.2.4 从对立逆向探索新品类

以行业巨头为对标，进行逆向思考，从主流市场边缘发掘新品类，探索新市场，也是企业重大的商业机遇。这种逆向思考发现的往往是从小市场、低端市场开始，一开始品类看起来很小，甚至被认为伪品类，因此不会被行业巨头看上。随着其慢慢成长，被大众所接受，就会慢慢成为新品类的领导者，巨头再进去，就会被用户认为是模仿者，用户依然会认为开创该品类的企业是好的选择。例如，已经成为行业巨头，却仍然饱受争议的拼多多，在京东、天猫、唯品会、聚美优品等电商巨头已将一、二线城市瓜分之际，拼多多站在这些巨头的对立面看到了三线城市以外的低端市场。巨头们强调品牌正品电商，拼多多则逆向思维，强调低价社交电商。综合考虑后，拼多多把低收入人群作为核心市场，开辟了社交电商新品类，也快速成长为社交电商。

小结：本节围绕从分形角度探索新品类、行业异端探索新品类、技术角度探索新品类、对立逆向探索新品类出发，阐述了如何快速找到一个未被其他品牌过度开发的新品类。

4.3 让企业小程序成为新品类的代名词

企业要想让纯品牌维度在残酷的市场环境中成为知名品牌，这一过程会比较慢，如果用小程序作为连接器，为品牌赋能，将企业小程序作为新品类代名词，成功的概率会大一些。

为企业小程序找到一个未被其他品牌开发的新品类，仅仅是开创新品类的开始，还需要从启用企业新品牌、构建新品类名称、聚焦核心业务、快速成为第一名、标志化视觉设计5个维度出发，让小程序成为新品类的代名词。

4.3.1 启用企业新品牌

企业在为小程序开创新品类时，在品牌选用维度上往往有两种选择：一种是继续沿用原品牌；另一种是启用新品牌。企业最佳选择是第二种，也就是启用新品牌，原因是新品牌与小程序需要融为一体共同构成新品类代表，而且要快速进入用户心智模型。当企业原有品牌已经与某个品牌形成关联时，将很难被撼动，再多的努力也无济于事。例如，统一品牌，与方便面形成了强关联；益达，与口香糖形成了强关联。

在用户心智中，对新品牌与小程序构建的新品类是零认知，更容易因好奇心备受关注，加速在心智中占领领先地位。例如，蒙牛集团开创了一款高端酸奶，为了占领新的品类，启用了"特仑苏"，还开发了一款特仑苏特心意小程序，如图4-3所示，将特仑苏品牌与小程序融为一体，加速占据高

图4-3 特仑苏特心意小程序

端牛奶新品类制高点。

还有一种特殊情况，不少企业错误地认为因其原有品牌存在认知资产，可以好好利用原有品牌的影响力，就在老品牌的后面加一个新名字，这是典型的骑墙做法。这样做不太妥，时间一久既不利于老品牌的发展，也不利于新品牌的成长，新品牌容易变成老品牌下的"一棵草"，很难长大。解决的办法是在新品牌启动时，在广告语、包装、媒体宣传册等多渠道加上"XX品牌荣誉出品"或"XX公司战略投资"等字样，助力新品牌的成长，加速占领新品类制高点。

4.3.2 构建新品类名称

在企业运营过程中，除了要关注由原有品类微创新的新品类，例如，从大众化女装微创新产生的大码女装，也要关注全新快创的新品类，这种情况就需要企业对其起个新品类名称，并且把企业的新品类与之形成强关联。例如，阿芙品牌，在公司刚起步的时候，在国内还没有精油美妆这个品类，阿芙构建了"精油美妆"新品类，并以"阿芙就是精油"为强关联形式，对外快速形成口碑，很快让阿芙精油在用户心智中成为了"精油美妆"代名词。

还有一个典型的案例——混沌学园。混沌学园一反常规，突破营销类、工商管理类等常规品类的培训，独辟了一个新的品类，并将其命名为"哲科思维"新品类。混沌学园顺利地开辟了新品类，并协同开发了混沌学园小程序，如图4-4所示，将小程序新工具与新品类融在一起，顺理成章地成了"哲科思维"新品类的代名词。

图4-4　混沌学园小程序

4.3.3 聚焦核心业务

开创新品类只是手段，终极目标是成为用户心智中的品类代表。当企业已经抢占了新品类机遇时，就要开始通过业务聚焦，与小程序联合推动，打造行业专家品牌形象，进而获取品类代表性地位。

越聚焦越高效，越高效越领先，越领先越容易形成良好的口碑效应，强化企业小程序与新品牌在新品类中的融合地位。"定位之分"杰克·特劳特先生在《定位》一书中明确指出："心智的特征是害怕混乱，不愿意搞清楚复杂的关系，把复杂事情标注为'混乱'，然后作为垃圾信息进行过滤"，这更说明了人的心智喜欢简单的内容。因此，将"新品类+新品牌+小程序"聚焦在一个简单业务、简单的产品上，是事半功倍的选择。例如，王老吉聚焦于凉茶一款产品，在用户认知中提及凉茶，立即想到王老吉；沃尔沃，开创了安全汽车新品类，起步聚焦于汽车，当用户想购买安全系数较高的汽车，就会立即想到沃尔沃。

企业要尽量避免多个品类共用一个品牌，这种单一品牌多品类的做法，会在用户心智中产生"不精致"的负面效应，造成心智混乱。

4.3.4 快速成为第一名

快速成为第一名，是让小程序及品牌进入用户心智的捷径，加速成为新品类代名词。如何让小程序快速成为第一名呢？这里主要讲述三种成本低、见效快的方法。

1. 用新媒体策划事件营销

利用抖音、快手、视频号等热门媒体策划大事件，制造热点，并找一些流量大且当红的自媒体、网红，在同一时间联合推广，发放福利，把该事件打造成为现象级热点。只要在一个地方火爆起来，其他媒体就会纷至沓来地报道，把事件推到更大的高潮。以樊登读书会为例，有刷抖音经历的朋友会发现，每次刷抖音都会刷到樊登读书会不同的抖音号、不同的课程视频，樊登读书会官方及各分会至少上百个，很多人看到后就很好奇，便会到微信搜索樊登读书会小程序，很快让樊登读书会成为讲书品类第一名。

2. 进行定向社交广告投放

要想快速将小程序及品牌推到行业第一名，由于是到一个新的品类，用户还不了解，需要做市场宣传工作。企业可以依据行业数据及企业研究数据，勾画用户画像，基于用户画像及用户痛点，启动"DOU+"、微信朋友圈广告、小程序广告、微信公众号广告。这种方法的好处是先做销售后建品牌，投放比较准确，投入产出比也比较高，适合于中小型企业。下面以"DOU+"和微信朋友圈广告为代表，阐述社交型广告投放的效果。

以"DOU+"为例，只需要选择已经上传至抖音的视频，选择"DOU+"，选择关注的投放效果指标，选择具体数据，支付相关广告费用，抖音就会按照用户关注的指标将用户的视频推广出去，尽力完成指标，如图4-5所示。"DOU+"虽然不能直接用户链接微信小程序，但可以通过视觉化引导，快速吸引用户将目光投向企业微信小程序。通过大量的研究发现，一旦抖音火了，小程序也会跟着火起来。因此，目前"DOU+"推广成本不高，是企业抢占新品类第一名的好工具。

微信朋友圈广告、小程序广告、微信公众号广告成本相对高一点，适合更直接的小程序推广，微信朋友圈的定向效果好一些，适合企业做精准的小程序广告投放，按照企业设定的用户画像展示给潜在用户，如图4-6所示。关于微信广告的系统操作方法，将在第7章展开讲授，这里暂不延展。

3. 采用增长黑客技术营销

还有一种可以快速帮助企业成为新品类第一名的方法，是基于增长黑客逻辑的技术营销模式。这种方法最挑战的是技术门槛，需要通过大数据找到增长过程中的最大阻碍，然后用技术型思维，集中技术、人力、物力等资源攻破，获得快速增长。主要有以下4种方法。

（1）利益驱动法。通过精心设计具有诱惑性的小程序页面，让正常情况下不会点击小程序的用户无法抗拒点击的动力。例如，"热风"微商城小程序设计的"100元全场冬靴专享无门槛优惠券"，比常见的满减更具有诱惑力，如图4-7所示。

图4-5　抖音"DOU+"推广模式　　图4-6　小程序定向广告投放　　图4-7　"热风"微商城无门槛优惠券

还有一种更让用户无法抗拒的形式，就是直接免费领取一定价值的产品，用户在心理上会产生天下掉馅饼的感觉，在心理作用驱动下，点击该页面，如图4-8所示。

（2）默认授权法。在小程序后端开启一键默认，如当用户点击"微信授权登录"时，会开启用户肉眼看不到的"默认每天自动收取推送信息""默认接受推荐感兴趣的促销商品""允许被推荐"等，如图4-9所示。这些都是隐藏在小程序的设置很深处的入口，用户只需要点击"微信授权登录"，就自动处于开启状态，只要不是过度骚扰用户，用户一般不会很在意，更不会轻易找到"关闭"按钮关闭开启状态。

图4-8　免费领取一定价值的产品的页面

（3）购物车营销法。预测用户购物偏好，通过技术算法，将用户可能感兴趣的商品直接放入购物车，并随机发送一个专属红包或虚拟货币，发送邮件、短信或微信，告诉用户有一个专属红包可用于购物车中的商品，当日有效。假如用户点击购物车，仍然没有购买，可以再发一次信息，告诉用户红包或货币要过期了，请及时使用，如图4-10所示。

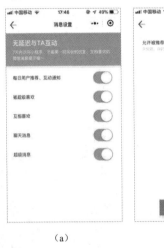
（a）

（b）

图4-9　隐藏在微信小程序背后的功能

图4-10　虚拟货币过期提醒

（4）关系链推荐法。用技术打通用户好友关系链，这是一种很常见的方法，早期的微信和陌陌都是用这种方法获取增长的。用小程序作为载体，触发用户发动好友参与PK游戏，例如，"旺旺GO活力重生"，设计了简单易参与的运动PK，让好友之间进行运动比赛，多个好友之间排名，相互拉好友，形成PK圈，推动小程序快速裂变，如图4-11所示。

（a）　　　　　　　　　（b）　　　　　　　　　（c）

图4-11　运动PK游戏及邀请好友

4.3.5 标志化视觉设计

营销界疯传着一句话:"假如用户心智是一颗钉子,那么视觉则是一把锤子。"建立强有力的视觉体系,是让企业小程序成为新品类的代名词的重要前提。建立标志化视觉体系具体有哪些价值,以及如何来构建呢?

1. 标志化视觉体系的核心价值

(1)视觉即符号,符号即品牌,用品牌代表品类。
(2)人是视觉动物,视觉更容易击穿用户心智。
(3)越简单越持久,视觉化比文字更容易记忆。
(4)视觉更有带入感,将用户带入消费场景中。
(5)视觉具有指令性,让用户有快速行动起来的欲望。

2. 构建标志化视觉体系的方法

品牌与小程序共同构建新品类标志化视觉体系,需要从产品独特外观、色彩、包装、广告形象等多维度进行设计。

以百岁山为例,在众多的饮用水品牌中,百岁山一直是独特的存在。图4-12是百岁山经典瓶型,它平肩型的瓶身设计和镶嵌于瓶身的四条流畅凹槽,都给大众留下了深刻的印象。其创新性的瓶身设计理念,在一众常规的斜肩瓶中成为脱俗的佼佼者,吸引着消费者的目光。这样打破传统设计思维的瓶身设计,经过10多年的时光沉淀仍是大众热议的创意佳作,为百岁山赢得了高端天然饮用水新品类的定位。

图4-12 百岁山经典瓶型

又如洋河蓝色经典,把中国市场上销售的白酒摆在一起,一眼就能看出它们的共性,主打红色和黄色。而洋河蓝色经典系列则一反常态,打破白酒以红色、黄色为主色调的传统,将蓝色设定为产品标志色,将价值印象定位为优雅、柔情、睿智、冷静、纯净等,实现了产品差异化,突显了产品个性。蓝色能够很好地体现新品牌、新品类印象,也重新定位了洋河在用户心智中的位置。而黄色和蓝色搭配,一目了然,对蓝色寒冷的印象也起到了一定中和效果。

"海之蓝"系列的深蓝色,如图4-13所示,易使人联想到大海,以及大海的深沉等特征,从而将大海所具有的特点移植到产品上来,使消费者在看到产品时联想到大海博大胸怀,而消费者购买该产品也能够体现自己的价值取向及消费品位。

"天之蓝"系列的天蓝色,如图4-14所示,给人一种纯净、淡雅的感觉,让人很容易联想到蓝天,与产品的主题相呼应。

图 4-13 "海之蓝"经典色——深蓝色　　图 4-14 "天之蓝"经典色——天蓝色

人的大脑有左右脑之分,左脑偏理性,对文字敏感;右脑偏感性,对图画比较敏感,如图 4-15 所示。

对 Sologan 不仅仅是品牌及品类宣传口号,需要用一句话清晰地表述出来,刺激用户左脑;也需要用视觉化的呈现效果,刺激用户右脑。如东鹏特饮,"年轻就要醒着拼,累了困了喝东鹏特饮"。有文字差异化识别,也有代表活力无限的 Slogan 强视觉图,如图 4-16 所示。为此,东鹏特饮成为年轻人喝的抗疲劳饮料代名词。

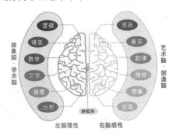 

图 4-15　左右脑分析图　　图 4-16　东鹏特饮 Slogan 视觉图

企业品牌化的经典广告形象也是新品类的重要识别符号,能更好地强化其独特性,如万宝路的牛仔形象,精准且强烈地传递了"男子雄风"香烟的品类特征;三只松鼠中的可爱小松鼠,活泼、可爱、好动、爱吃坚果,强化了三只松鼠休闲坚果品类特征;京东的广告形象"狗",狗代表对主人忠诚,同时也拥有正直的品行和快捷的奔跑速度,这表示给客户带来轻松、省心、放心和快乐的购物体验,也代表京东坚持"客户为先",努力提升客户体验,不断为客户带来惊喜和欢乐,如图 4-17 所示。

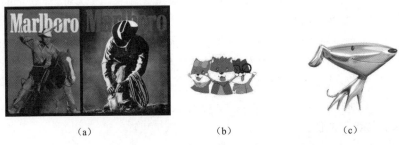

（a）　　　　　　　　　（b）　　　　　　　　　（c）

图 4-17　万宝路、三只松鼠、京东广告形象

4.4 保持在新品类中的领先优势

市场永远是处于动态平衡的，企业如果因为把握了机遇，开创了新品类，也顺利成为新品类的代名词，但它仅仅是暂时的，需要不断地抓住各种机遇强化在新品类中的领先优势。下面从抢占信息差、时间差、认知差、矩阵差四个方面讲述企业如何保持在新品类的领先优势。

4.4.1 抢占信息差

一、二线城市与三、四、五线城市虽然在互联网的影响下，信息差很小，但地域人群的知识结构对信息的敏感度有所不同，这是企业快速规模化，成为新品类代表的重要机遇。

信息差常见的表现形式是地域信息差和国界信息差，企业要保持极强的商机敏感度，在信息差期间快速放大新品类的优势，让一个小的新创品类快速成长。

地域信息差的案例，如张家界莓茶。笔者曾受企业邀请去张家界考察莓茶产业，调研了三天后，发现整个湖南张家界家家户户都喝莓茶，当地有一家企业专注做莓茶，开辟了莓茶新品类，利用小程序实现线上线下同步运营，很快成为当地龙头企业。但是对该地区以外的人们来说，基本都没听说过莓茶。为何是张家界才有莓茶？经调研发现主要原因是莓茶与气候、土壤、纬度等都有关系，也只有张家界地域才能生长出莓茶。

国界信息差的案例，如阿里巴巴。当年马云在一次偶然的机会去国外，他看到了互联网机遇，回国后开始成立阿里巴巴，从做黄页开始，并且快速寻找投资，加速规模化，成为中国乃至世界电子商务新品类代表。在成为新品类代名词后，马云到全世界演讲，继续扩大阿里巴巴在新品类中的绝对领先地位，一步步打造了庞大的阿里商业帝国。

4.4.2 抢占时间差

当企业处在技术领先、产品能力、商业模式创新、供应链优势等地位时，可以有半年左右的时间差，在这段时间内企业需要用最快的速度抢占市场。

回顾一下过去几年出现的风口，如团购、O2O、P2P、共享单车、无人货架等，为何每次风口一来，风口中的企业总能轻易融资到很多钱，目的就是快速抢占新品类半年左右的窗口期。

在窗口期内，一旦有在用户心智中占有一席之地的新品类代名词，企业需要投入一定的资本，全网投放广告，强化新品类代名词在用户心智的地位，一旦被竞争对于抢先占据用户心智，前面的努力就前功尽弃了。典型案例是58同城与赶集网抢占本地生活服务电商新品类，赶集网起步比58同城早，资本与用户积累也远超58同城，双方花巨资分别请姚晨、杨幂知名明星代言，并投入重金在地铁、公交、机场等各大媒体上，抢占新品类代名词。在 58 同城与赶集网竞争中，如图 4-18 所示，最终 58 同城取胜，顺利在窗口期内，在用户心智中夺下了本地生活服务电商新品类代名词，之后赶集网开始下滑，直至被 58 同城并购。

还有一个很经典的案例，是转转网。它依靠微信官方给的流量入口，以"转转二手交易网"小程序为利器，顺利在用户心智中抢到了二手手机交易新品类第一的位置，如图 4-19 所示。

图 4-18 58 同城 PK 赶集网

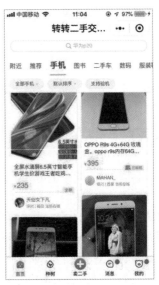

图 4-19 转转二手交易平台

4.4.3 抢占认知差

认知是有时效的，当市场上已经有同类产品，但还没有被大众认知的品牌或小程序平台，企业能借机成为该品类代表，但这种认知需要强化，继续保持该品类领先地位。靠抢占认知差获得成功的例子是小罐茶。茶叶在中国已有上千年的历史，但在用户认知中只有真正懂茶的人才能喝到好茶，因为好茶没有标准，买茶的人大多数不懂茶，也没有出现一个像白酒行业的茅台一样高端的细分茶品类。在这种场景下，小罐茶通过邀请八大茶艺大师，经过大量广告轰炸，配备了自营小程序，即"小罐茶罐着你"，如图 4-20 所示，抢占了高端茶新品类。今天小罐茶在用户心智中成为高端茶品类代名词。小罐茶抢到的正是"茶叶历史悠久，在大众心智模型中没有形成高端茶品类认知"，在认知差时间窗口期，快速进行饱和式营销攻势，一直保持着新品类优势。小罐茶保持新品类领先优势的方法，值得今天的企业借鉴与思考。

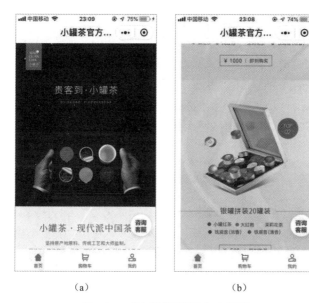

（a）　　　　　　　　　　（b）

图 4-20　"小罐茶罐着你"小程序

4.4.4　抢占矩阵差

在很多企业家眼里，小程序还没有显得那么重要，其中相当多的人还处在观望期，只有少数企业家认识到它对企业的重要性，开始简单开发了一个小程序，把所有产品都放在上面，认为这就是进入小程序社交创新时代。然而，小程序的本质是"轻、快、简单"，传统企业多产品、多品牌背景下，再开创新的品类，需要开发多个小程序，每个小程序承载不同的使命，它们可以相互跳转，形成矩阵势能。

所以，企业应该在同行还没有布局小程序矩阵时，就要加速完成布局，形成矩阵差，快速放大新品类的领先优势。

在抢占矩阵差时，企业需要遵守以下三个原则。

1. 重新认识品牌与小程序之间的关系

当下，小程序正处于起势阶段，品牌与小程序要形成合力，品牌具有持久生命力，小程序具有较强的渗透力，二者融合，才能稳坐新品类的龙头地位。

2. 把小程序当成企业的一把新斧子

当年，很多企业家不相信互联网，因此错过了企业借势腾飞的机会。今天，企业家只有把小程序作为一把新斧子，敢于砍掉旧观念、旧模式、旧品类，才有机会在新品类的龙头宝座上发出耀眼光芒。用小程序这一新的技术、新的平台、新的模式、新的玩法把企业的战略与业务重新梳理一下，用它们把制约企业发展的传统观念"砍掉"。

3. 抓住用户心智窗口期的饱和式营销

开发新品类可以使企业事半功倍，在用户对新品类的品牌及小程序平台还存在空白的时候发动饱和式营销，快速拿下新品类的代名词，填补用户心智空白区。例如，瑞幸铺天盖地的楼宇广告是为了抓住"快咖啡"新品类心智窗口，进行了饱和式营销，让其他跟随者难以插足；"VIP陪练"大量进行小程序广告投入是为了抓住"在线音乐教学"新品类心智窗口，进行了猛烈的饱和式营销。最终它们都在此获得了成功。

本章小结

本章从企业小程序战略布局的高度，以开创新品类为核心，从开创新品类有哪些实际的企业价值、找到一个未被其他品牌过度开发的新品类、让企业小程序成为新品类的代名词、保持在新品类中的领先优势四个方面展开了深度讲解。

第5章

企业小程序搭建流程——快速搭建小程序

对新事物的学习，需要从全局观到落地性逐步实践。前面 4 章分别从企业小程序商业价值、小程序重构企业商业模式、企业小程序差异化定位、企业小程序战略布局 4 个模块系统地阐述了小程序对企业战略的影响和可抓住的决胜商机。本章将讲述小程序在企业战略层面的运营落地系统，实现企业品牌资产、品类资产、现金资产、流量资产全面丰收。

本章主要讲述如何快速搭建企业赚钱的小程序，需要依据企业商业模式与品牌调性设计小程序模型，然后按照设计模型进行定向开发/搭建。具体的方法及流程将从小程序物料准备、申请注册、技术搭建、页面调性、用户体验 5 个方面展开深度讲解。

5.1 小程序资料准备

为了提升工作效率，在小程序搭建前，企业先准备好相关的资料。

5.1.1 资质型资料

不同的组织类型，需要准备不同的资料，详见表 5-1。

表 5-1 小程序注册前需准备的相关资料

注册选择类型	组织机构类型
企业类型	《组织机构代码证》；《企业工商营业执照》
媒体类型	《组织机构代码证》；《企业工商营业执照》或《事业单位法人证书》； 广播电视应上传《广播电视播出机构许可证》或《广播电视频道许可证》； 报纸需上传《中华人民共和国报纸出版许可证》； 期刊杂志需上传《中华人民共和国期刊出版许可证》； 网络媒体需要提供《互联网新闻信息服务许可证》或《信息网络传播视听节目许可证》
政府单位/事业单位	《组织机构代码证》

续表

注册选择类型	组织机构类型
其他组织-免费（基金会，外地常设机构、外国政府机构驻华办事处）	《组织机构代码证》；相关登记证书、批文或证明等；基金会请上传《基金会法人登记证书》；外地常设机构请上传其驻在地政府主管部门的批文，外国驻华机构请上传国家有关主管部门的批文或证明
社会团体	《组织机构代码证》；《社会团体登记证证书》；如果是宗教团体还需要提供宗教事务管理部门的批文或证明
民办非企业	《组织机构代码证》；《民办非企业登记证书》；非事业单位的培训教育机构，需要提交其自身所有权的《办学许可证》。非事业单位的医疗机构包括美容，需要提交其自身所有权的《医疗机构执业许可证》等
其他组织-免费（基金会，外国政府机构驻华办事处）	《组织机构代码证》；相关登记证书、批文或证明等

5.1.2 账户型资料

在注册及搭建小程序过程中，需要用到不少的企业及个人相关账户，详见表5-2。

表5-2 企业注册小程序前需要准备的账户

账户名称	账户性质	账户用途	账户要求
手机号	企业主体	对账户安全的保护	没有超出被其他微信公众号、小程序等占用的数量
电子邮箱	企业主体	注册邮箱邮件验证	没有被其他微信公众号、小程序等占用
银行对公账户	企业主体	注册时必须确认主体	必须是能正常使用的对公账户，最好有网银
个人微信	管理人员	扫码才能进入后台	管理人员姓名、身份号、手机号合一的微信
身份证号	管理人员	必备的管理人确认信息	人员与姓名要完全一致，否则无法匹配上

在表5-2所有账户型资料中，要求最高的是注册时必须填写的邮箱，必须为未注册过微信公众平台、开放平台、企业号、未绑定个人号的邮箱。其次，对手机号及身份证也有相当高的要求，一个手机号只能注册5个小程序，一个身份证号码也只能注册5个小程序，如果已经超限，则只能再重新注册新的手机号、换用其他人的身份证。

虽然腾讯并没有要求注册小程序时必须用企业为主体的手机号,但考虑到互联网行业从业者整体跳槽率较高,为了企业小程序的安全,建议给运营者配备公司统一提供的手机号,规避不必要的运营风险。

企业对公账户,是微信认证、开通微信支付必须用到的,腾讯第三方认证机构会往企业运营人员所提供的对公账户打一笔小额款项,需要工作人员查询具体的金额并报给第三方认证机构,所打款项与运营人员所报的金额相一致才能通过。如果企业有多个对公银行账户,可能会出现个别不常用的账户,因为时间久没有资金流动,可能会被银行因安全考虑而进行暂时冻结,直接影响微信认证。也有些中小型企业用的是地方银行,会出现延迟现象,也会对认证效率产生较大影响。因此,建议企业在注册小程序前就要考虑并确认使用哪个对公账户,最好是大一点的银行,比如中国农业银行、招商银行、建设银行、工商银行等,并让财务人员查询账户状态是否正常,确保提供的对公账户法人有效性。

5.1.3 介绍型资料

小程序这股浪潮已来临,如何让企业小程序在用户心里留下深刻且完美的印象非常重要,从基础的介绍资料开始,主要是以下几种核心资料。

1. 符合调性的名字

关于小程序取名,笔者建议如下:

(1)字数尽量不超过7个字。

(2)强调与企业品牌的相关性。

小程序与企业品牌有着密不可分的关系,在小程序电商生态中,用户对品牌的认可度与认知度决定了其是否会在小程序上消费。当用户已经在企业App、微信公众号、微商城上留下一定的"足迹"后,他们会习惯性地按照自己的记忆进行搜索。

(3)与企业定位相关联。

企业的每个小程序都有不同的定位,这个定位需要告诉用户这个小程序与其他小程序的差异化,能给用户带来何种独特的价值。

(4)便于用户快速记忆。

小程序的名字尽量简单好记,避免使用生僻字或比较艰涩的外语词汇。

(5)同一主体的微信小程序与微信公众号可以同名。

如果企业的公众号和小程序在微信公众号平台上的名称是唯一的,且属于同一主体下,那么两者可以同名。例如,万世成晴公司拥有公众号"万世成晴",同时也可以申请小程序"万世成晴",反过来同理。

如果同一主体下有多个重名的微信公众号,小程序也可以使用该名称。如果多个重名的微信公众号属于不同的主体,则小程序不能使用该名称。

可以通过后台修改小程序的名称，新名称需要通过审核，修改成功后原来的名称会被立即释放。

2. 简洁的小程序简称

小程序简称将用于任务栏展示，如图 5-1 所示。

简称是选填项，在小程序后台不填写简称直接提交，可删除小程序现有简称，任务栏将展示小程序名称。

小程序简称可以从小程序名称中按顺序截取字符创建。长度为 4～10 个字符，一个汉字占 2 个字符。

小程序简称在微信公众号平台是不唯一的，可以重名。但对于仿冒、侵权等恶意情况，平台仍会做出相关处罚。企业开发人员也可通过侵权投诉维护自己的正当权益。

小程序简称设置后，将在客户端任务栏向用户展示。企业开发人员可以凭借此功能，更好地实现产品品牌价值和展示。目前暂不支持名称的其他功能。

3. 高识别度的头像

（1）小程序的头像图片格式支持 png、bmp、jpeg、jpg、gif 等格式，但建议使用 png 格式，可保持最佳效果。

（2）图片需小于 2MB。

（3）图片分辨率建议为 144 px × 144 px。

（4）图片建议使用企业 Logo。

（5）图片展示原则为视觉清晰，感受美观，文字可见，显示完整。

请见 VERO MODA 小程序，是以企业 Logo 作为头像，图案清晰，看着舒服，效果也很好，如图 5-2 所示。

图 5-1　小程序任务栏

图 5-2　小程序 Logo 图像

4. 简单直接的介绍

（1）字数的限制。小程序功能介绍的字数限制在 120 个字符以内。

（2）小程序功能介绍可以修改，一个月内最多可修改 5 次。

（3）服务范围的选择。每个新注册的小程序都可申请 1～5 个服务范围。服务范围共分两级，每级都不能为空。特殊的行业需提供特殊资质。一个月内最多可修改 3 次。

（4）小程序功能的填写建议。建议用最直接的语言准确说明小程序的定位、功能、价值。

实践中，可以考虑使用"小程序名称＋提供的独特价值"的描述方式，字数最好不要超过 18 个字。

很多运营者都希望在这里尽量描写得详细一些，以帮助用户更清晰地了解该小程序，但实际上，用户很少会有耐心看完一大段文字，他们往往只有 2～3 秒的时间来判断自己是否要打开这个小程序。企业要让用户在很短时间里，就能一眼找到打开小程序的理由，因此只能用最短的一段话来精准地触动用户。

以拇指白小 T 男装旗舰店小程序为例，如图 5-3 所示，用一句"一个灵魂深处永不服输，不安于现状，不甘于平凡，拥有独立思考的你才能让你肃然起敬！换上白小 T，找回你自己"快速触动人心，能立即唤起用户点击进入的欲望。

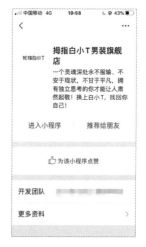

图 5-3 "拇指白小 T 男装旗舰店"小程序

5.1.4 产品型资料

1. 产品主图图片

建议产品主图图片尺寸为 800×800 像素，从不同的角度拍摄主图，每个产品准备 10 张即可。产品主图要简洁大方，让用户一目了然，如图 5-4 所示。

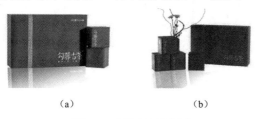

图 5-4 小程序产品主图

2. 产品主图视频

以小程序为载体的主图视频，视频宽高比有 16:9、4:3、1:1 三种，建议采用 16:9，同时，视频要突显产品的不超过三个清晰的特点。如图 5-5 中的视频突显的重点就是莓茶的无污染生长环境和淳朴女性的采茶过程,视频简易却不缺乏亮点,视觉体验很好,使用户对产品的品质更加放心。

由于小程序是偏向移动端的使用工具,其对应的产品主图视频,目前用户都是在手机端播放,建议时长 9～30 秒为宜,如果操作性的视频,建议最长不要超过 5 分钟,超越用户视觉底线会适得其反。例如,春播小程序是用主图视频讲述做菜技巧的方式销售菜品,相对比较复杂,用了将近 4 分钟,如图 5-6 所示。

图 5-5　小程序主图视频

图 5-6　春播小程序主图视频

关于主图视频数量,最好是"一品一视频",一个产品制作一个精美的视频。产品主图视频中的人物形象、取景、相关的道具等都要与品牌调性、用户画像、产品特点相吻合。

3. 产品详情页

提前准备好产品详情页比产品主图更加重要,因为主图仅仅是起到激发用户兴趣的作用,详情页才是决定用户是否购买产品的核心要素。

从以下 7 个维度设计及制作产品详情页。

(1)详情页的逻辑架构。

小程序要精简到极致,重点呈现与用户痛点、产品卖点、产品差异化、核心价值主张相关的内容,其他不易激发用户购买欲望的元素,尽量不纳入其中。小程序产品详情页的基础模型,如图 5-7 所示。

(2)详情页的视觉定位。

视觉定位是小程序详情页又一关键点,是围绕品牌调性、产品特点、用户群体综合选择色调与视觉呈现形式。高质量的小程序详情页视觉定位有五大原则。

①重"大"原则。详情页的头图得有一个占比比较大的作为主体,无论是产品/模特还是文字、道具,可以第一眼就抓住人眼球。例如,迪奥口红,在详情页中,将口红的哑光妆效部分故意放大,成功地抓住了用户眼球,如图 5-8 所示。

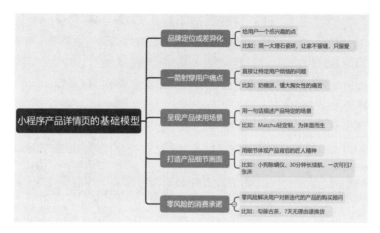

图 5-7 小程序产品详情页的基础模型

②敢"破"原则。如果企业不想详情页太同质化，可以尝试打破常规，例如，将规矩图形异化，或者让产品放在界限以外。

③唯"美"原则。碎片的移动互联网，吸引用户注意力至关重要。在详情页中，使用唯美的帅哥图片、美女图片、风景图片是吸引用户注意力的重要手法，因为当用户在浏览这些详情页的时候，会感觉是有一位美女或帅哥在对其解说或者让用户觉得自己也能成为美女或帅哥一样，使人身心愉悦，比单纯投放产品图更能打动人。如果可能的话，尽量用品质好一点的产品图或背景素材，使画面显得更加美观。例如，在推拿仪产品详情页中用美女的舒适画面替代细节性的文字描述，会让用户感到更舒适，如图 5-9 所示。

图 5-8 迪奥小程序详情页头图

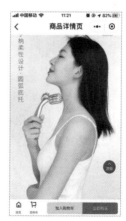

图 5-9 推拿仪小程序详情页

④增"炫"原则。有时在画面里添加一些飘动、炫动的元素，可以增加画面的层次感，以吸引用户点击。图 5-10 这种将书页以翻动的"炫"感呈现，深深地吸引着用户的目光。

⑤沿"新"原则。沿用一些新的技术性元素，比如，动态图；沿用新的网络用词，例

如，C位（是指中间位置）、种草（指把一件事物分享推荐给另一个人，让另一个人喜欢这一样事物）、锦鲤（指一切跟好运相关的事物，如有好运的人或可带来好运的事情）、OMG（Oh, My God 的缩写）；沿用新的社交话题，如"太难了，臣妾做不到"等。利用这些新事物增加详情页与用户的亲和感，如图 5-11 所示的小问题解答。

（3）清晰表达价值主张。

小程序详情页并非要给用户呈现美景的视觉图，而是需要能激发用户购买的视觉感，用简单的语言、快速且清晰地在详情页上表达产品独特的价值主张起到关键作用，尽可能地用关键词、数字化的表达形式。如图 5-12 所示，"首款""声波""无线"三个关键词及"40 000 次/分钟""五种模式"两个数字化就是快速激发用户兴趣的经典做法。

  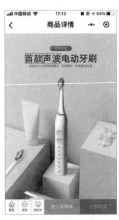

图 5-10　小程序详情页增炫感　　图 5-11　小程序详情页小问题解答　　图 5-12　电动牙刷的独特价值呈现

（4）构建产品使用场景。

企业站在用户的角度，构建场景化小程序详情页有两种方式：一种是将用户在现实生活中所遇到的痛点、槽点进行场景化表达，将详情页受众带入特定的购买场景中，放大弊端，产生共鸣，引导目标用户对号入座，从而自我发声；另一种是用场景化的语音与画面唤醒用户的产品需求，让用户联想处于画面场景中的自己，感知到拥有产品后的舒适感、幸福感。比如，用模特照片将用户带入逛街、休闲场景，如图 5-13 所示。

（5）设计紧张的购买欲。

当用户通过主图被成功地吸引，从而点击详情页，在详情页头图、价值主张的刺激下对产品开始产生了一些好感。接下来，企业需要在详情页中加入激励元素，营造"机不可失，时不再来"的紧张氛围，让用户快速产生下单付款的消费行为。例如，加入一针见血的底价刺激，如图 5-14 所示。

图 5-13　小程序详情页中场景图　　　图 5-14　详情页中价格元素呈现

（6）满足用户心理账户。

小程序详情页本质上玩的是"注意力经济"，这样才能提升用户浏览及消费的高快感知。高快感知恰恰又是受用户心理账户作用影响。心理账户到底对人的影响有多大，举个例子，日常生活中，同样是花 100 元，如果是吃一顿火锅，你会觉得平淡无奇；如果是买一件衣服，你会感觉超便宜；然而，如果是让你用 100 元去买一本书籍，你反而会觉得太贵。再比如，你在一家手机品牌小程序上浏览了一小时，不仅没觉得累，反而觉得时间过得很快；反之，同样是让你花一小时看书，你会觉得很累。

因此，受用户心理账户作用的影响，在小程序详情页设计过程中，需要从以下几点进行调整：

①活动特权分批给予，例如，给予用户 300 元优惠特权，如分两次且每次获得 150 元，比一次性获得 300 元感到更愉快；

②活动奖励红包分批次赠予，以 200 元的现金红包为例，每次失去 100 元的痛苦要大于一次错失 200 元的痛苦；

③使用"小得大失"吸引法，用小得大失巨大悬殊让用户对之前不会有兴趣的事物开始关注且采取行动，例如，一位女孩在生日当天满怀期待地等候男朋友承诺赠送的 8 000 元惊喜礼物，结果由于种种原因却无法兑现，此时，企业给她发一张 40 元的购物红包（仅限在企业的小程序使用），或许会使当事人有欣慰的感觉，她会立即产生前往小程序使用的冲动，以此缓解自己失落的心情。

（7）用户口碑推荐。

现在的照相机功能很多，PS 技术强大，几张普通的产品图通过 PS 后上传到详情页看起来很美，当用户拿到手之后发现实物与图中展示的有较大差距，久而久之，用户就不会简单地看图片、详情页就下决定购买。笔者通过大量的案例验证，发现稍微在详情页中加入一点儿真实的用户口碑推荐，把用户使用产品的感受用客观的评价向潜在用户展示出来，打消用户对企业的"美图控"（极度重视美化图片的运营者）顾虑，如图 5-15 所示。

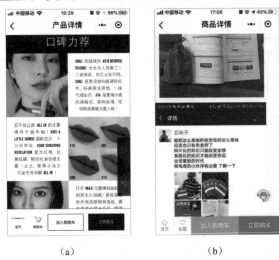

图 5-15　详情页中的口碑展示部分

"小事成就大事，细节成就完美"，从以上 7 个维度来设计及制作产品详情页，一点点地在细节上打磨，让企业的详情页为自身的竞争力加分。

另外，小程序详情页设计及制作时应注意如下问题：

避免直接套用企业常用的专题页、首页逻辑框架作为详情页，它们之间有很大的区别。详情页虽然跟专题页和首页设计类似，都是很长的图，但是详情页设计只是对某一款产品的介绍和展示，而专题页和首页设计则至少会展示 2 款产品，而且主要是以某个活动主题为主线，同时展示各种产品名称、品牌、规格、价格等基本信息，更详细的产品介绍内容则要在详情页里进行。

这就好比，详情页设计里其实只有产品这一个主角，而在专题页或首页设计里却可能有好几个主角和一堆配角。前者只需要对一款产品进行解说，所有的目的只是为了介绍它。

5.2　小程序申请注册

微信小程序继承了微信开放克制的特点，开放战略能够帮助企业完美地承接社交生态体系，克制文化又能很好地抑制企业在其社交生态体系中可能存在的盲目扩张，保持稳健发展。企业搭建小程序，要从小程序整个接入和申请注册流程基础部分开始规范每个细节，为后期运营打下坚实基础。

5.2.1 小程序整个接入流程

小程序整个接入流程很简单，只需四个步骤，分别是申请注册、信息完善、开发小程序、提交审核与发布，如图 5-16 所示。

图 5-16　小程序整个接入流程

第一步，小程序申请注册。小程序是个新生事物，建议企业安排年轻的运营人员来申请注册小程序，否则操作有困难他会很痛苦，产生负面的情绪，给团队带来负能量。另外，小程序的注册邮箱最好是企业邮箱，如果企业还没有开通企业邮箱，那就建议用核心管理层或很忠诚的老员工的邮箱。

第二步，小程序信息完善。这一步最关键的就是有一个好的名称，好的名称有三个衡量指标：自然搜索量、用户记忆度、勾起好奇心，要做到这三点并不是件容易的事情，因此要避免"拍脑袋式"的感性起名方式。

第三步，开发小程序。小程序虽然是开放的，企业可以按照自己的想法、需求进行个性化开发，但不建议一开始就投入巨资进行个性化定制开发，最好的办法是先购买一个第三方的小程序平台，比如，有赞、微盟等，它们是经过了大量的商业验证，包含了大多数企业小程序所需的核心功能。笔者为不少企业做过小程序咨询服务，其中相当一部分企业花了少则几十万、多则上千万的资金，耗费了一两年的时间，最终是挥泪斩"小程序"，痛心疾首。出现这个问题，最核心的原因就是对小程序的期望值与对小程序的了解度不成正比，企业很多的想法过于主观，没有被验证。因此，笔者强烈建议先用市面上已有的第三方小程序平台完成企业商业想法的验证，验证达标后再昂首阔步地大举进行小程序布局，开发满足企业商业布局的小程序。

第四步，提交审核与发布。这一步对于传统企业的运营者来说，猛然一听很复杂，导致企业往往喜欢受托其他服务公司来操作，这是一大误区。小程序对企业未来战略至关重要，因此一定要从一开始就让团队深入学习、操作，因此建议企业培养内部员工操作代码提交审核与发布，边学习边操作，慢慢就会了。如果实在琢磨不透，可以到"微信开放社区"寻求指导，会有很多经验丰富的高手为企业答疑解惑，如图 5-17 所示。

图 5-17　微信开放社区

5.2.2　小程序申请注册流程

按照 5.1 节所列举的资料——准备好后，就要开始正式进入小程序注册阶段。在注册过程中，会在不同的步骤中填写准备好的资料。

小程序申请注册流程需要以下七个步骤，具体如下：

1. 注册小程序账户

直接登录微信公众平台，在微信公众平台上注册小程序账户即可，其流程与注册微信公众号的流程雷同。在微信公众平台上点击右上角"立即注册"，如图 5-18 所示。在"请选择注册的账户类型"中选择"小程序"，如图 5-19 所示。选择完账户类型后，按照提示填写符合要求的邮箱，如图 5-20 所示。

图 5-18　小程序注册入口

图 5-19 从账户类型中选择小程序

图 5-20 填写符合要求的邮箱

2. 激活小程序账户

点击注册小程序时留下的邮箱账户的"激活链接",并按照激活后的页面提示,填写相关企业资质、管理员信息内容。

3. 填写小程序名称

关于小程序起名原则及方法在前面已详细讲述,这里不做赘述。由于小程序的注册量较大,在之前准备的小程序名称,隔了几天后很有可能就被占用了。为了能将自己精心构思的好名称及时抢注到,建议在想好了名称后尽量在 3 小时内进行注册操作。万一由于各种原因,隔了好几天才注册,好名称已经被人抢注了,则可以在此基础上加个数字尾缀或"+"号,比如"小年糕+",如图 5-21 所示。

4. 上传小程序头像

在取完小程序名称后,就可以按照流程上传准备好的小程序头像,有时会因为网速不好,上传速度很慢,甚至上传失败,都是很正常的,只需多传几次即可。上传完成后的效果如图 5-22 所示。

图 5-21 "小年糕+"小程序

5. 填写小程序介绍

打开之前准备好的介绍型资料,将小程序介绍,复制粘贴到小程序介绍栏即可。需要注意的是,微信官方的规则有可能对字数、关键词等有调整,建议每天到小程序后台查看"平台公告",特别是未读信息要及时查看,如图 5-23 所示。

图 5-22　小程序头像展示效果　　　图 5-23　小程序平台公告

6. 完成小程序微信认证

为什么要认证小程序呢？

完成认证后，小程序账号可以申请微信支付功能，还可以绑定 20 个开发者，而未认证的小程序最多只能绑定 10 个开发者。

开展小程序微信认证之前，先找到提前准备好的资质型资料，再进入认证流程。认证方法有两种：一是在"设置"的"基本信息"中进行微信认证，如图 5-24 所示。二是已创建成功但尚未通过微信认证的小程序，如果已经与公众号关联，则可以复用公众号的微信认证资质进行快速认证，如图 5-25 所示。快速认证不需要重新提交认证资质，也不需要支付 300 元认证费用，即可生效。通过这种方式认证的小程序认证截止日期与公众号的认证截止日期一致，到期后，开发者需重新做年审或再次复用资质认证。

小程序适用快速认证的条件：①企业、媒体、政府和其他组织类型的小程序；②小程序与微信公众号相关联，且二者主体相同；③微信公众号必须已完成微信认证。企业必须同时满足以上三个条件，才能申请小程序复用公众号资质快速认证。

7. 开通微信支付

小程序作为公众平台的一种新账号类型，申请微信支付的门槛和其他类型公众号一样，只要完成了微信认证，即可申请微信支付，并且不再收取认证费用。

开通流程：登录小程序后台，选择"微信支付"，然后点击"开通"，之后会有资质审核、账户验证环节，最后签署协议即可开通。

温馨提示：只有完成了小程序微信支付认证，才能在小程序上进行顺畅地交易，完成企业所布局的整个交易闭环。

图 5-24 小程序微信认证

图 5-25 小程序微信认证资料复用

5.3 小程序技术搭建

小程序技术搭建分为三个步骤，分别是绑定小程序技术开发者、下载和安装开发工具、小程序搭建流程。

5.3.1 绑定小程序技术开发者

管理设置开发者权限非常必要，管理员可在小程序后台统一管理项目成员（包括开发者、体验者及其他成员）、设置项目成员的权限（包括开发者/体验者的登录小程序管理后台、开发管理、查看小程序数据分析等权限）。

进入小程序管理后台，选择"用户身份"，编辑"成员管理"，即可对小程序的项目成员进行管理。按照授权需求，添加开发者的微信，并勾选"开发者"，如图 5-26 所示。

图 5-26　小程序开发者授权

小程序项目成员的权限有以下几种：

（1）开发者权限：可使用小程序开发者工具和开发版小程序进行开发。

（2）体验者权限：可使用体验版小程序。

（3）登录：可登录小程序管理后台，无须管理员确认。

（4）数据分析：使用小程序数据分析功能查看小程序数据。

（5）开发管理：小程序提交审核、发布、回退。

（6）开发设置：设置小程序服务器域名、消息推送及扫描普通链接二维码打开小程序。

（7）暂停服务设置：暂停小程序线上服务的权限。

每个小程序账号均可添加一定数量的项目成员，不区分成员身份，具体数量限制如下：

（1）个人类型小程序账号的成员数量上限为 15 人。

（2）未认证、未发布组织类型的小程序账号的成员数量上限为 30 人。

（3）已经认证未发布、未认证已发布组织类型的小程序账号的成员数量上限为 60 人。

（4）已认证且已发布组织类型的小程序账号的成员数量上限为 90 人。

5.3.2　下载和安装开发工具

下载和安装开发工具的流程如下。

（1）登录微信公众平台，扫码进入小程序。

（2）进入"小程序发布流程"界面，如图 5-27 所示。在"小程序开发与管理"板块中单击"普通小程序开发者工具"。

图 5-27　小程序发布流程界面

（3）在"概览"界面中，单击"微信开发者工具"，如图 5-28 所示。

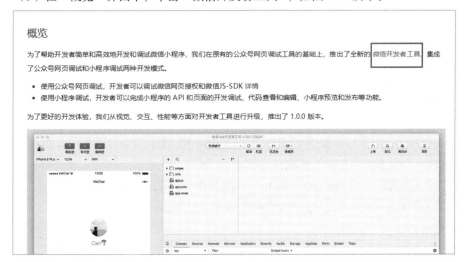

图 5-28　微信开发者工具

（4）从"最新版本下载地址"栏中找到电脑所对应的版本进行下载，如图 5-29 所示。

（5）下载完成后，将其安装到电脑中，呈现界面如图 5-30 所示，即完成了的安装开发工具。

图 5-29　小程序开发工具下载地址

图 5-30　小程序开发工具首页

5.3.3　小程序搭建流程

前面提到的小程序搭建有两种方式：一种是公司投入巨资和时间招人或外包给第三方进行个性化开发；另一种是直接使用市面上成熟的小程序平台。这里笔者推荐后者，先进行低成本低风险的商业测试，然后再考虑前者。

下面基于后者，为大家讲授小程序搭建流程。

在微信里经常看到的可以直接购物的小程序，背后通常是由小程序账户、第三方平台/自主开发、微信支付、微信公众号各板块融合而成，那么它们是如何融合和对接的呢？

1. 整理好需要对接的参数

小程序相关的参数包括原始 ID、App ID（小程序 ID）、App Secret（小程序密钥）等。微信支付相关的参数包括微信支付商户号、API 密钥、下载安全控件等。注意，下载安全控件时，建议使用谷歌浏览器或 IE 浏览器。

微信公众号相关的参数包括原始 ID、开发者 ID（App ID）等。

第三方平台相关的参数包括 URL（服务器地址）、Token（令牌）、EncodingAESKey（消息加解密密钥）等。

2. 第三方小程序平台基础参数配置流程

（1）登录小程序账户，从"设置"页面复制小程序 ID 及密钥，如图 5-31 所示。

（2）登录第三方小程序技术后台，粘贴小程序 ID 及密钥并保存，如图 5-32 所示。

注意，因为选择合作的第三方平台不同，后台的展示形式会有所不同。笔者以随机选择的一个第三方后台作为案例展示，其他的第三方后台虽然有差异，但是需要的参数、入口、逻辑基本上是一样的。

图 5-31　复制小程序参数

图 5-32　粘贴小程序参数

3. 小程序服务器、域名、消息推送配置

小程序配置服务器信息如图 5-33 所示；小程序配置业务域名如图 5-34 所示；小程序消息推送配置，如图 5-35 所示。

图 5-33　配置服务器信息界面

图 5-34　配置业务域名界面

图 5-35　小程序消息推送配置

4. 第三方小程序平台支付参数配置流程

（1）使用谷歌浏览器或 IE 浏览器登录微信支付平台，依次点击"API 安全""下载证书""安装安全控件""安装操作证书"，完成控件安装。

（2）设置"API 密钥"。

（3）按照第三方小程序后台的"微信支付"参数框依次填写"身份标识""身份密钥""微信支付商户号""微信支付密钥"，如图 5-36 所示。

图 5-36　微信支付参数

注意，图 5-36 中的内容与展示流程可能因第三方小程序后台的填写规则或顺序不同而与本文有所差异，请大家不用担心，规则都是大同小异的，最终要以确认合作的第三方公司的规则为准。

5. 对接参数备份

无论是小程序官方还是第三方开发公司都有可能出台新的规则，这样就有可能需要依据新规进行参数的修改或删减，常常需要用到最初的参数。

从安全及效率角度考虑，笔者建议大家把小程序、微信支付、第三方等账户信息及所有参数都进行及时备份。

5.4　小程序首页装修及商品上传

一个好的小程序应该是有创意、有标准、有亮点的，这一节将会从用户体验的角度讲解如何有效地管理后台信息、装修首页、商品上传等。

5.4.1　小程序后台管理

可根据具体情况填写小程序后台管理信息。

（1）后台基本信息。包括客服电话、地址、领券方式、支付方式等。

（2）模板信息。依次填写支付通知模板消息（指用户支付完成后向用户发送消息）、订单取消通知模板消息（指用户取消订单后向用户发送消息，若订单已付款则在后台审核通过后向用户发送消息）、发货通知模板消息（指后台发货后向用户发送消息）、退款通知模板消息（指退款订单后台处理完成后向用户发送消息）等。模板消息是触达用户的重要途径，如图5-37所示，建议尽量启用更多的模板消息，提升主动触达用户的机会。

图 5-37　模板消息通知界面

（3）短信通知。在用户下单时，给指定手机发送短信通知。

（4）邮件通知。给留有 QQ 邮箱的用户发送邮件提醒，具体根据第三方平台而定，有些平台不提供该功能则不用填写，如图 5-38 所示。

图 5-38　邮件通知界面

（5）运费规则。如图 5-39 所示，运费根据具体情况设置。

（6）快递单打印。如图 5-40 所示，快递单打印根据具体情况设置。

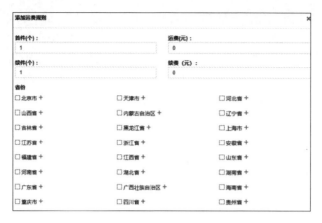

图 5-39　运费规则设置界面

图 5-40　快递单打印设置

（7）小票打印。如图 5-41 所示，根据具体情况设置打印机，以便打印小票。

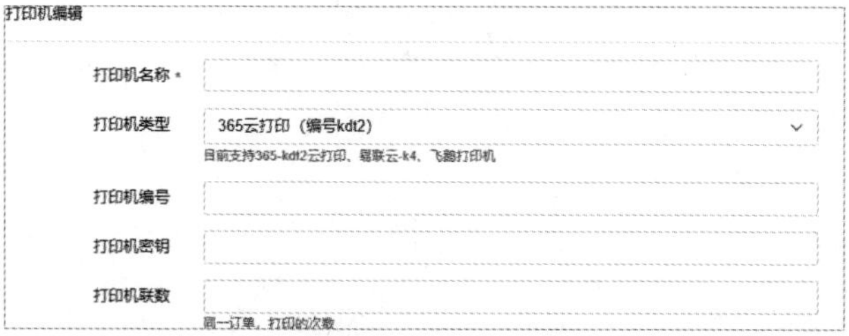

图 5-41　打印机设置

（8）区域购买限制。如图 5-42 所示，区域购买限制根据具体情况设置。

图 5-42　区域购买限制

5.4.2　小程序首页装修

1. 小程序首页模型设计

登录第三方平台，进入"小程序"的"店铺管理"，在"小程序设置"的"首页/主页设置"界面下可以调整小程序的首页。有些第三方平台将首页称之为主页，因此在理解上主页等同于首页。

小程序首页装修之前需要先完成小程序页面架构，目标是很清晰地知道小程序页面要做成什么样的，它也是技术开发与搭建的最重要的依据。设计时要先把首页要表达的要素用文档、表格、设计图等多种形式表现出来，看看初步效果。

小程序页面架构设计有两大类型：一是品牌型，二是交易型。

2. 小程序首页搭建

完成小程序电商首页架构图设计后，接下来要根据已经确定的首页框架图，结合第三方平台进行搭建。小程序首页搭建模式主要有三种：自定义模式、微创新模式、纯模板模式。下面详细讲述这三种模式的搭建方式及优缺点。

1）自定义模式

这种自定义页面模块功能强大，是介于小程序定制开发与纯模板应用之间的模式。它的优势是将小程序的核心功能以组件的形式拆分，企业可以根据所设计的小程序首页架构图确定功能展示需求、展示位置、展示形式等，再用组件组合出自己想要的模型，以有效提高店铺建设的效率，降低维护的成本，如图5-43所示。

图 5-43　小程序首页/主页自定义模块图

这种自定义模式的操作方式及原理,是通过不同的组件搭建一个微页面作为主页,再制作一个或多个"自定义模块",然后把它嵌入其首页/主页中作为辅助元素,这个主要的微页面与相关辅助元素共同构成小程序首页。常见的组合形式,比如主页面里,放置站内关联广告或者热卖商品;新组合一个"双11"秒杀页面,将其嵌入首页作为一个活动入口。

自定义模式有居多优势,比如可以无限接近企业定制页面,但也有几个明显的缺点,主要体现在:数据在第三方平台、受制于第三方平台的运营规则、带有第三方广告气息。

2)微创新模式

现在第三方平台越来越开放,允许对其提供的系统进行小范围的修改,满足企业对小程序的功能需求,特别是首页的呈现效果。当然,这需要与第三方平台沟通,需要平台的技术支持与指导,并且让平台协助打通相关的接口。例如,你想将小程序与企业的CRM(用户关系管理)系统打通,或者基于第三方平台在小程序上开发一个更好玩的营销插件等,也可以用代码模式在原自定义模式的基础上对小程序首页进行视觉、体验上的优化,这些就是微创新模式。

3)纯模板模式

对于大型企业有一定的资本及人力优势,基本上都愿意花重金开发小程序,但大多数中小微企业,缺少懂互联网的人才,更别说小程序这个新生事物了。纯模板模式,互联网从业者喜欢称之为"傻瓜式",则特别适合中小微企业。第三方平台有适合各行各业的模板,如图5-44所示,用户可以在模板市场中随意挑选喜欢的店铺模板,看看哪个首页更心动,就在此模板基础上把模板中的文字、图片、视频、语音等内容换成自己喜欢的即可。

有时候,模板太多,眼花缭乱也不好,建议看到入法眼的以后先预览一下,比仅看图片要更直观,如图5-45所示。

图5-44 第三方小程序模板市场

图5-45 小程序模板预览形式

在纯模板模式中,因为模板设计者经验丰富,模板效果往往比你修改成自己的小程序首页后更美、更舒适,你和你的团队与其设计者之间存在一定的差距。解决办法是依据自身情况,酌情选择,在选择模板的时候,如果团队有丰富的经验就可以选择复杂且美观的模板,首页可以显得更加丰满,如"老爹果园"小程序首页,如图 5-46 所示。相比而言,如果你的设计、运营团队是新建的就要尽量避免选择那种好看但很复杂的模式,简单实用的更加直接有效。

3. 小程序首页装修的三种方法

完成小程序首页模型设计并选择了适合的模板之后,就要开始进入装修细节。小程序的首页与传统企业过于开发的 PC 端官网有很大的不同,PC 官网以品牌展示为目标,不需要经常调整;小程序首页则相反,因其除品牌展示外,还要承担商品交易使命,需要持续不断地策划活动,以活动主题为中心实时调整首页内容,如企业每月的会员日、周年庆、"双 11"狂欢节、"双 12"购物节、年货节等。例如勾藤古茶的"双 11"首页,如图 5-47 所示。

图 5-46 "老爹果园"小程序首页

图 5-47 勾藤古茶小程序的"双 11"首页

三种首页模型对应的装修方法有所不同。

自定义模式下的首页装修需要通过对组件的调整来实现,不需要技术支持;微创新模式需要在自定义模式做了超模板范围的优化,需要通过技术人员在组件基础上完成对首页的装修;纯模板模式的首页装修就简单多了,按照模块依次把模板中的文字、颜色、图片等内容调整成用户自己喜欢的即可。

小程序首页装修过程中,自定义模式和纯模板模式两种比较容易,微创新模式会难一些,因为它需要用部分代码来修改,门槛就会相对高一些。

5.4.3 小程序商品上传

1. 设计商品页模板

商品页模板的作用：

（1）不同的商品可以使用同一个模板类型，省时省力。

（2）可以在模板里添加商品的关联推荐、店铺活动入口等内容。

商品页模型主要由基本信息区、顶部模板内容区、商品详情区、底部模板内容区构成，模型如图 5-48 所示。

图 5-48 小程序商品页模型图

进入第三方后台后找到"商品"栏，然后单击"商品页模板"，如图 5-49 所示。按照提示进入模板设计界面，如图 5-50 所示。

图 5-49 商品页模板设计入口

图 5-50 商品页模板图

2. 新建商品化分组

商品分组其实就是商品分类，当店铺中的商品种类繁多时，可以按照不同标准给商品进行分类，如衣服、鞋类、箱包类等。

从第三方平台后台找到"商品"栏,单击"商品分组"即可进入分组页面,如图 5-51 所示。按照流程填写或选择自己所需的内容即可,如图 5-52 所示。

图 5-51 新建商品分组入口　　　　　　图 5-52 小程序商品分组样式

3. 商品上传

(1)调取 5.1.4 节的产品型资料,再结合商品的模板,进行优化。

(2)从"商品管理"入口进入"商品发布"界面,并且按照提示依次填写相关内容,如图 5-53 所示。

(3)商品发布的三个关键点。在商品发布时要考虑是否需要立即上架、是否限购、是否需要添加新字段三个关键点,如图 5-54 所示。

图 5-53 小程序商品发布界面　　　　　图 5-54 商品发布的三个关键点

重点说一下,关于新字段问题,大多数时候它是被运营忽略,其实很有价值,它是营销与强化用户关系的枢纽。这里的字段可以添加微信、邮箱、生日,虽然不是所有用户都愿意填写,但只要有用户留下这些信息就给企业留下了情感营销的重要线索。

小结:本节从小程序后台管理、小程序首页装修、小程序商品上传三个方面详细讲述了小程序首页装修及商品发布的方法、流程、注意事项。

温馨提示：不同的第三方平台操作方法略有差异，但整体上是大同小异的，本节所展示的仅仅是示范，在实际操作过程中建议有不懂的地方可以咨询下所使用的第三方平台的客服或服务商，向他们寻求帮助。

5.5 小程序页面调性

这是一个重颜值的时代，页面调性就是小程序的"颜值"，有些小程序用户点击或看过一次就过目不忘，而有些浏览一次就不想看第二次，本质上就是"颜值"在起主导作用。颜值背后就是拼团队的设计能力、运营能力、审美能力、细节把控。本节要着重讲授的内容，就是如何才能让小程序页面具有"高颜值"。

5.5.1 锁定小程序页面风格

既然小程序页面风格如此重要，我们应该如何打造最适合的风格呢？我们只需要在设计小程序页面风格时遵循以下4点原则即可：

1. 以简约为中心

删除一切可以删除的内容，让页面足够简洁。在小程序页面设计时，大多数时候容易因过度表现而变得很臃肿，如文字、修饰图等太多，使其页面凌乱，臃肿感就会出现。

需要注意的是，简约并不是要求元素的最少化，而是所有元素都应该贴近用户的目标本身，去除无关的元素。让用户可以直达目标，降低学习成本，减少在无关事项上所花的时间，这就是小程序页面简约设计的目标。

2. 逻辑要清晰

对整个页面要表达的内容及突显的卖点进行系统化的组织，使其用户由浅入深地产生深度浏览兴趣。从用户画像、场景构建、逻辑关系、视觉单元等几个维度完成页面组织，形成一条看不见但很清晰的逻辑图谱。

3. 隐藏不常用的选项

隐藏用户不常用但是不能少的选项，每次只展示用户当前需要的信息。隐藏在常用功能之下，利用提示和线索让功能容易被找到。设置"更多"或者"高级选项"等，还有一种办法就是用"悬浮"实现间接隐藏，用户随时需要随时点击悬浮窗口进入，常用的悬浮做法如下：

（1）悬浮窗应用页面。可以在小程序店铺主页、活动页面、商品详情、商品分组等选择允许呈现悬浮窗口，被勾选的页面上就会展示统一的悬浮窗。

（2）悬浮窗支持的10个快捷入口：店铺主页、购物车、心愿单、礼品卡、活动页、分销页面、在线客服、页面分享、会员主页、返回顶部，勾选的快捷入口会在悬浮窗中展示。

运营人员可以设置重要的快捷入口独立与主窗口展示，为了保证页面展示效果，建议最多支持两个独立窗口。

4. 使用够简单

将复杂的页面内容充分拆解，有些删除，有些隐藏，还有一些可以转移到其他位置，使其小程序页面更简洁，更有视觉感。用文案一句话说出小程序的价值，用品牌色定制标题栏。让用户自己去体会产品价值，不如总结一句话告诉用户产品的价值，广告语也是这样的目的。围绕小程序的本身特性做设计，产品价值专一，轻设计轻交互，向外连接获取用户，让用户第一时间想到企业。例如，李宁官方旗舰店小程序，把微信公众号二维码放在首页，对整个首页的调性造成破坏性作用，如图 5-55 所示。鉴于微信公众号互动能力比小程序更好，这个二维码还是很有用的，可以把它转移到商品详情页，当用户从小程序首页开始进入商品详情页深度访问的时候，再用利益、优惠引导用户关注微信公众号，效果会更好，而且还保证了首页的用户体验，如图 5-56 所示。

图 5-55 李宁官方旗舰店小程序首页

图 5-56 二维码在详情页的展示

5.5.2 结合人性来打磨细节

小程序页面，特别是首页，越人性化，越受用户青睐，但真正做到人性化也并非一朝一夕，需要从视觉化、娱乐化、场景化、差异化四个方面不断打磨，正如小米创始人雷军说的"要把自己逼疯"，才能激发小程序页面爆发的能力。

1. 从视觉化角度打磨

（1）增加识别符号。

在页面增加一些特殊的符号，无须解释，让用户产生好奇之心。如阿迪达斯，增加运动型元素符号。

（2）增加视频元素。

移动互联网像一把激光刀，无时无刻不在切割用户的休闲时间，吸引用户目光的内容门槛从长篇文字到图文，然后到音频，再到短视频，需要用最短的视频、最强悍的精品内容，以用户能快速感知到价值的方式增强小程序首页的风格，把用户的视觉化效果放大。如图 5-57 所示的 mu 三爷小程序的首页顶部视频，以及图 5-58 所示的 SELECTED 小程序首页中部的视频，都是很好地利用了视频因素来提升用户的视觉交互效果。

（3）增加/降低页面色彩。

市场上千篇一律的单色页面风格已经让用户视觉麻木了，增加多元色彩，虽然有可能对企业一贯的单色品牌色有冲击，但为了让企业的小程序页面更符合潮流，还是很有必要突破一下，可以从主题角度降低多元色彩使用频次，保持单色号牌的主调性不变，使品牌风格与小程序风格完美融合。

也可以逆向思考，从多元化的色彩向单色调聚焦，强化自身的品牌风格，比如阿玛尼小程序首页经典红风格，显得很高大上，如图 5-59 所示。

图 5-57　mu 三爷小程序首页　　图 5-58　SELECTED 小程序首页　　图 5-59　阿玛尼小程序首页

（4）改变呈现形式。

新的页面呈现开始逐步打破旧有规矩模式，从多品类向爆品化方向精简，从长图模式向单图方向简化，从纯图片向视频化方向升级，从图片描述卖点向视频化展现切换等，这些呈现方式的改变均可以作为小程序页面风格重构的实用方法。

2. 从娱乐化角度打磨

小程序页面娱乐化的主要推手是趋同潮流，体现在让人充满好奇心的神秘表情和同化式的网络语言，这两种形式需要交替使用。

（1）使用神秘表情。

有没有发现，现在与朋友微信聊天时输入文字和语音聊天的次数、时间、耐心越来越少，莫名其妙地开始习惯用一个简单、夸张、高效的表情符号替代了原本想打上百字的文字内容，再想说的话可以被一个表情终结，再难聊的天也可以被一个表情给激活，这就是移动互联网潮流文化塑造的特殊沟通方式。这种沟通方式也同样适用于小程序首页的风格塑造，触发用户的关注、记忆、收藏、分享。例如，图 5-60 所示的 ONLY 小程序首页使用的经典表情动作，给人一种神秘感，可以更好地激发用户深度浏览的兴趣。

（2）使用网络语言。

不同的圈层有圈层亚文化，有共同的价值观，形成了非圈层不易理解的语言形式，好比暗号，懂了就是自己人，不懂就会保持距离。通过小程序页面的构思，让用户点击即获"暗号"，有种激动、兴奋之感。这种暗号可以是文字、图片、音乐，也可以是一个符号。

图 5-60　ONLY 小程序首页

3. 从场景化角度打磨

（1）多维场景维度。

用长图或多轮播图增加场景应用，强化小程序页面视觉效果，提升用户个性需求命中率。具体做法是设计单个产品多场景图，建议 3～5 张为宜，每张场景图突显一个产品卖点，用单一产品多场景图的方式形成视觉性图片叠加冲击力。典型案例是 COSTA 咖啡，就是从送拍档、犒劳自己 / 送好友等场景切入，如图 5-61 所示。

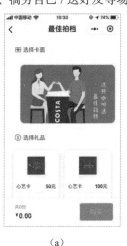 

（a）　　　　　　　　　（b）

图 5-61　COSTA 咖啡小程序页面

（2）升维场景维度。

从单点向面升级，使场景覆盖面更广，这种升维大多数是和品牌受众密切关联，也是后期建立消费入口的基石。需要注意的是，这里的单点是指单一品牌或单一品类，如蒙牛旗下有蒙牛、特仑苏、纯甄等品牌，每个品牌主打一个品类，蒙牛现在的做法是一个品牌开发一个小程序，如果蒙牛与特仑苏两个品牌共用一个小程序，这就是升维场景思维。对于大多数中小企业来说，还不太具备像蒙牛这样的财力与人力，因此建议可以考虑将互补性品牌放在一个小程序里，在首页形成更完整的视觉吸引力，使其首页可以有更多的创意、想象空间。

（3）降维场景维度。

还有一种与升维场景相反的方法，就是降维，深度做减法，主攻核心场景，以某个特定场景为中心，将小程序页面做到极致。

4. 从差异化角度打磨

（1）行业性差异化。

打破行业性的呈现逻辑，让小程序页面与众不同。以汽车行业为例，像本田、丰田、路虎等汽车品牌小程序首页的轮播图都是横向切换模式，图 5-62 所示的广汽本田商城小程序就是典型的代表，然而宝马企业就很好地打破了行业常规模式，开启了差异化的纵向切换模式，使其用户对其产生很深刻的印象，如图 5-63 所示。

图 5-62　本田汽车小程序首页

图 5-63　宝马汽车小程序首页

（2）竞争性差异化。

以竞争为导向，设计对立型小程序页面，突显企业的优势，以委婉的表现方式攻击竞争对手的缺点。这种方式不常用，通常是在遇到强劲的竞争对手时才会使用，一旦使用就要考虑系列对策，预防或抵抗对手的反击。

本章小结

本章从小程序资料准备、小程序申请注册、小程序技术搭建、小程序首页装修及产品上传、小程序页面调性5个方面深度讲授了企业小程序搭建流程。在商业竞争如此残酷的今天,快速搭建具有战略意义的小程序,是成为赛道领跑者的核心武器。

第6章

企业小程序的破局点——快速打造爆品

单独的企业小程序没有太大的长久价值,它必须成为一支杠杆,撬动企业在新的商业环境中的良性增长,才能真正体现其核心价值,打造爆品便是杠杆发力的支点。小米创始人雷军曾说:"在当今的互联网时代,要想成功,必须要做出爆品,有引爆市场的产品和策略。温水你哪怕做到99℃,也没啥用。唯有沸腾之后,才有推动历史进度的力量。"可见爆品的爆发力及重要性有多大。爆品有三种形式,爆品功能、爆款产品、爆品平台,本章将围绕小程序爆品思维,从其价值点、时机点、原则性三个方面展开深度讲解。

6.1 爆品为企业小程序带来的三大价值点

爆品的本质是用更高的技术或模式创新,以无限接近或低于成本价的销售价格,为用户提供可快速感知到的高性价产品。

今天大多数传统企业都处于转型升级的时刻,抓住小程序这一趋势打造爆品是每家企业都要考虑的关键抉择,因为在互联网时代,只有爆品能够绽放一朵烟花,被更多的用户看到。不仅如此,还可以借假修真重塑团队战斗力,突破行业局限,升级用户思维。

6.1.1 战胜团队老化的阻碍

企业刚起步时,团队每个人都能保持斗志昂扬,进入成熟期后就开始出现不同程度的疲软,产品创新、团队执行力等开始成为企业发展的最大阻力,本质上还是团队老化在作怪。这里有个不错的解决办法,以小程序为中心,围绕爆品思维,设计一款让用户尖叫的产品,用小程序实现无中间商赚差价,让高价值性的顶级爆品回馈客户,使企业业绩实现新的突破。

爆品有一个特殊明显的特征,就是一旦一针见血地解决了大众痛点,得到了广大用户认可,就会产生指数级的增速,随即产生强烈的口碑裂变,典型案例就是小米手机,用苹果级的要求打造了国民级价格的手机,成为手机界当之无愧的独角兽。处于成熟期或衰退期的企业,当元老级团队在企业漫长的低迷中看到爆品势如破竹地发展,必定会燃起新的动力,看到新的希望。

另外，爆品的成长不是细火慢熬，而是一触即发，可以带动小程序快速成长，激发团队的创新意识，为小程序市场化撕开一个切口。

6.1.2 敢于突破行业的局限

笔者曾做过一段时间的职业经理人，所在的行业是非常传统的图书出版行业，在那段时间拜访过很多行业里的创始高管团队，经常与他们深度交流，发现存在一个现象：超过半数的企业/书店认为，书店卖书与文创之外的产品是没有情怀的做法，这种传统的思维把很多的企业活活禁锢在狭小的图书销售框架之中，无法跳出行业局限。这种自我禁锢的思维不仅是在图书出版行业，其他行业也一样存在，它们是企业发展的天花板，爆品是打破天花板的优选方式。

6.1.3 真正升级为用户思维

近些年来，很多企业都在讲用户思维，但在实际工作时常常又回到主观性的战略规划，没有真正以用户为中心展开工作。真正的用户思维是从用户需求、痛点维度出发，思考如何更好地提升用户满意度，爆品更是要求超用户预期。

传统企业需要明白爆品的底层逻辑就是用户思维，这正是传统企业屡屡被互联网企业打败的关键之处。打造爆品的过程是培养企业用户思维的最佳途径，是传统企业实现业绩突破的必经之路。

传统企业未来最大的对手是用户忠诚度与复购率的衰退，借打造爆品遏制衰退是最科学的方法。衡量用户思维的核心指标就是企业的小程序有没有一款爆品，为企业带来巨大的自然流量，以及用户是否有明显的忠诚度提升。

6.2 从企业战略角度思考小程序爆品时机

爆品会自己说话，超预期的产品体验会让用户发自内心地自传播。爆品已上升为众多企业的战略高度，能否打造一款爆品产品、产品平台，成为品类第一名，需要由众多时机点综合决定，主要体现在以下4个方面。

6.2.1 构建新的价值网

当今各行业面对用户需求升级、新技术涌现、模式不断升级，旧有的价值网开始逐渐被瓦解，取而代之的是全新的价值网，这就是打造爆品的重要时机点。AdrianSlywotzky 在《发现利润区》（*The Profit Zone*）一书中首次提出："由于顾客的需求增加、国际互联网的冲击以及市场高度竞争，企业应改变事业设计，将传统的供应链转变为价值网"。

价值网是企业、供应商和顾客等相互协作的、数字化的价值网络，构建新的价值网是不断打破边界、格局的过程，用爆品支撑价值网可以让企业的小程序不再空洞。

6.2.2 产品正需要迭代

产能过剩的今天，用户更加注重个性化追求，商业越来越呈现圈层化发展态势，而且在快速地进行迭代。如果企业能集中资源优势打造一款爆款产品，就能在产品迭代期占据优势地位，就能以更低成本成为行业领跑者。

案例6-1： 喜茶爆品——金凤茶王

笔者最早知道喜茶是因为在北京朝阳大悦城看到很多年轻女子排队打卡，为了喝上一杯金凤茶王不惜排队一两个小时。因为好奇，笔者花了三个月时间对其进行深度研究。喜茶火起来不是偶然，它抓住了传统复杂的泡茶茶艺向简易化的新茶饮迭代的爆品机遇，抓住的是"80后""90后"对年轻化、时尚化、科技化的新茶饮需求，历经艰辛打磨，打造了新茶金凤茶王爆品。图6-1这款茶在口感上不仅比较清淡，没有苦涩的味道，而且更香，更有回味，并且吻合越来越多的年轻人开始重视养生这一诉求。在喜茶的菜单上，为了让消费者记住对茶最初的印象，每一款饮料的口味都是不一样的，绝不重复。另外，人手一杯的喜茶，就如星巴克那样，除了好喝之外，还能晒朋友圈，代表时尚。不可否认的是，这就是爆品赋予的魅力所在。喜茶借助微信小程序，线上线下协同放大了爆品金凤茶王的势能，一款金凤茶王让喜茶加速成为新式茶饮的代名词。

图6-1 喜茶GO小程序

6.2.3 站在难逢的风口

打造爆品是每家企业都要考虑的关键抉择，因为在互联网的无尽黑暗中，只有爆品才能够绽放一朵烟花，被更多的用户看到。

借风起航是打造爆品的重要时机点，这里的"借风"就是利用风口快速打造爆品，可以实现事半功倍的效果。

小米创始人雷军说"站在风口上，猪都可以飞起来"，小米就是从一个名不见经传的国产手机品牌，借助智能手机大势，短短几年时间，挤进世界五百强。

快速找到十倍速变化的风口是企业管理者的重要工作，通过它能以最小的成本、最快速度打造出惊艳市场的小程序爆品。通常可以从行业周期变化、用户需求变化、技术迭代升级、商业模式创新等维度发掘有利于企业打造小程序爆品的新机遇。以"小年糕+"小程序为例，从抖音、快手等平台为代表的短视频行业发现，部分用户喜欢看长视频，而且需求越来越强烈,但当时这些主流短视频平台并不支持长视频,便很快组建团队开发了支持长视频的"小年糕+"小程序,历经屡次迭代升级,成为了视频领域的小程序爆品平台。

再以彩妆品牌"花西子"为例,国潮作为新的消费时尚,受到年轻人的追捧和喜爱,"嗅觉灵敏"的花西子发掘了这一风口,开始探索中国千年古方养颜智慧,针对东方女性的肤质特点与妆容需求,以花卉精华与中草药提取物为核心成分,运用现代彩妆研发制造工艺,打造健康、养肤、适合东方女性使用的彩妆产品,借助"花西子彩妆"小程序快速推向市场,收获了大量用户,也顺利成为国潮文化的经典案例。

任何企业,只要善于识别并站在风口之上,抓住最佳机遇,很容易打造一款爆品。

6.2.4 有更高效的技术

一项新技术的出现也是打造爆品的重要机遇,这项新技术的出现往往是可以解决行业性、历史性的难题,一旦被解决就能引爆产品势能,呈现乘风破浪之势。如现在的共享单车兴起就是得益于微信扫码开锁技术。下面以"杨格智慧"小程序为例讲授如何抓住新技术打造爆品。

案例6-2:"杨格智慧"小程序开锁

杨格企业在发展智能锁业过程中,看到了蓝牙、小程序等新技术在共享单车的运用,受到启发,再加上智能手机成为用户万能的随身设备,吃穿住行都靠它,特别是智能手机必备的App(应用程序),开始将小程序、微信、蓝牙带来的技术用到智能锁业,开发了一款"杨格智慧"小程序为载体的酒店智能锁,如图6-2所示,与各大酒店自有的系统打通。用户通过后台管理员授权,用手机登录小程序即可便捷开锁,自动上传开门记录与限时门锁状态,既可以避免出门没带钥匙带来的尴尬,也不再有担心忘记锁门的顾虑。产品上市后,深受用户的青睐。通过杨格小程序智能锁案例,看到锁业的发展经历了密码锁、磁性锁、电子锁、激光锁、声控锁等一系列进化,但一直没有被用户积极使用,杨格借助了新兴技术小程序解决了锁业历史性问题,贴近用户生活且可让用户快捷感知到智能化开锁。

图6-2 "杨格智慧"小程序开锁

6.3 小程序爆品设计的八大原则

6.3.1 有倾注资源的决心

传统产品一般都是用100 000元的成本开发10款产品试水,哪个产品火起来了就全力引爆。但用小程序这一载体打造爆品，是把所有的鸡蛋放在一个篮子里，要有九死一生的心态，是用 100 000 元投资开发唯一的产品，而且要低价格、高品质，需要倾注大量的研发、生产、营销、人力等。

案例 6-3：小米 79 元智能手环

小米手环三个月成功销售破 100 万只，仅用八个月就达到 600 万只，成为名副其实的爆品，是手环界的奇迹。它是如何成为爆款的呢？雷军在决定做小米手环时就多次告诉小米手环创始人黄汪要"All In"，整个团队全力干一件事，在小米手环起步的一年里，团队为了把小米手环做到极致，把平板电脑品牌放弃了，集中所有能动用的资源倾注到该产品上。把小米手环做到了 30 天可以不充电，像苹果一样死磕体验，大胆地用铝合金表层设计，不同的指示灯用不同颜色的光源，并采用婴儿级勺子材质等，用行业最先进的技术来打造小米手环，同等级别的手环售价在 1 000 元左右，而小米手环只卖 79 元。如今小米手环已经升级到第六代了，成为"小米 Lite"小程序经典爆品如图 6-3 所示。只有像小米手环这样倾注所有资源，几近变态级的极致追求，才能为企业小程序打造出月销 100 万的爆品。其实大多数企业都有能力抓住爆品机会，小程序也开发得很好，问题就出在"舍九取一"的决心上，死磕一款产品，把 10 款产品的亮点集中在一款产品上爆发出来。行业发展周期中制胜要素不同，企业资源很有限，只有抓住当前爆品制胜要求全心投入，才能事半功倍，脱颖而出。

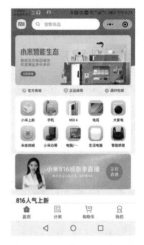

图 6-3 "小米 Lite"小程序

6.3.2 具有一定的广谱度

爆品被引爆的前提是该产品的受众有一定的广谱度，广谱度体现在三个方面：①在设计爆品过程中，爆款产品必须要有一定的市场需求作为基础；②要看该款产品的品类是否够广，也就是爆品产品受众是否够广；③要考虑消费频次是否够高，多久消费一次。

案例 6-4：云海肴的汽锅鸡

估计很多读者都去过云南菜餐厅——云海肴，其中有一款必点的爆款叫汽锅鸡，如图 6-4 所示。这一单品爆品占整个云海肴销售额的 25%，产品点击率 70%，拉动营业额增长 30%，NPS（净推荐值）高达 85%。云海肴汽锅鸡对于女性、男性、儿童、老人等人群都可以食用，而且也适用于约会、聚会、

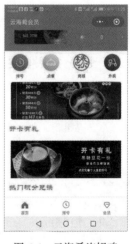

图 6-4 云海肴汽锅鸡

庆祝、生病、健康等多种场景。不仅如此，汽锅鸡美味鸡汤可以满足饭前饭后喝汤的习惯。从人群、场景、基础需求三个维度上，就不难发现汽锅鸡光谱度很高，已经具备了爆品潜质。

6.3.3 具有一定的差异性

在设计一款爆品时，需调研企业想要打造的爆品是否在市面上已经存在。如果不存在，要思考背后的原因，平衡风险与爆款机会。如果已经存在，就要重新思考与其不同的差异化引爆点。下面以"江小白表达瓶"为例讲授如何设计爆款的差异性。

案例 6-5：江小白表达瓶

江小白以青春、个性、友情为核心的酒文化曾盛极一时，很多业内人士也开始借鉴学习，现在为了再次创新出差异性，江小白重新设计了一款大受年轻人欢迎的"江小白表达瓶"，如图 6-5 所示，用温馨的文字向家人、同学、朋友、爱人、客户表达内心想说的话。为了提升用户体验，在"江小白表达瓶"小程序中准备好了"参考语录"，供用户借鉴，减少用户的决策时间。

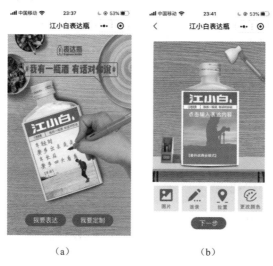

图 6-5　江小白表达瓶

6.3.4 满足用户的强需求

所谓的强需求是用户对一个产品所有需求中最强烈的那个需求，比如每天三餐饭是强需求，吃夜宵就不属于强需求部分。通过把企业有限的资源投入消费者最关键、最强烈的需求上打造爆品，使其爆品具有强爆发力。

案例 6-6："小狗"除螨仪

网上流传着那么一句话："每天晚上你身上有 200 万只螨虫陪睡"，这螨虫群的数量或许有些夸张，但有一个不争的事实，除螨已经成为我们大多人的强需求。"小狗"除螨仪基于这样的诉求表达，只想从实际生活中点破除螨仪的家庭需求。如果我们每晚平均睡眠时间达到8小时，那么就意味着每天要有8小时和螨虫、油脂、灰尘以及污垢在一起。尤其当你涂抹完护肤品睡觉，床褥都会不同程度地沾染护肤品和人体的油脂，油脂吸附了灰尘，会让灰尘再返到皮肤上，其中还有最爱啃食油脂污垢物的螨虫。最好的方法，是储备一台床褥除螨仪，如图6-6所示。如今小狗除螨仪销售指数级增长，背后的关键驱动力是人们对除螨的强需求。

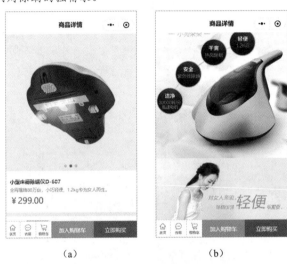

图6-6　小狗除螨仪

6.3.5　深挖用户一级痛点

在用户心里，痛点比需求更迫在眉睫，但有时这些痛点是隐藏在表层需求背后，需要深度挖掘，甚至与用户进行高频交流才能探寻到。设计爆品就是要找到用户所有痛点中最痛的那一个，达到一根针捅破天的效果。

挖痛点比懂用户更难，为什么要难？因为懂用户是侵入式的，企业侵入用户中，和用户在一个时间点、一个空间点慢慢出现的时候，会懂得他们的生活习惯、他们的喜好和他们所在的地方。但是要挖到用户的痛点，需要底层构架和内心逻辑。

下面分享一个案例，阐述如何深挖用户一级痛点。

案例6-7： **小牛电动车"牛油保"**

普通人短距离出行滋生了电动车的需求，因为打车太贵、公交车又不方便，电动车刚好能够满足这一需求。但是电动车频频被盗事件制约了用户的购买欲，这也成为用户的一级痛点。为了解决这样的核心痛点，小牛电动车策划了"冬日保养计划"，将电动车保养及保险理赔提上日程。为实现该计划，小牛电动车以5 000万元回馈老用户，提供免费整车保养服务以及盗抢损失、人身伤害保险,发布"牛油保"保险,承诺小牛电动车丢一辆赔一辆。这一举动中"你敢丢,我敢赔"打动了用户,如图6-7所示。解决了被盗痛点后,小牛电动车又开始大卖了。

图 6-7　小牛电动车保险

6.3.6　高频次且可标准化

爆品要满足高频次消费,准确切中某一圈层或特定场景的消费需求,在产品价值主张上满足不低于用户 70% 的共同需求,尽全力克制个性化。为何要克制个性化?它的张力会增强用户的个性化追求欲望,提升爆品的整体打造成本,成本上升必然要提升产品售价,最终会削弱爆品的势能。

6.3.7　具有让用户尖叫的性价比

为小程序设计一款爆款产品或一个爆款平台,终其展现的生命力还需要具有让用户尖叫的性价比作为支撑点,用户最容易感知到的也正是性价比。用户一开始是被价格吸引,对爆品的价值可能还抱有怀疑之心,但当使用一段时间后就会爱上该产品并自发推荐给身边的朋友使用。

如 2018 年 11 月上市的新一代广汽本田就是广汽本田商城小程序上的绝对爆款。

案例 6-8: **广汽本田凌派汽车**

当下的中级车市场竞争日益激烈,要想在同质化严重的产品中脱颖而出,让需求不断升级的消费者一见倾心,广汽本田深刻洞察消费者。在此基础上,广汽本田提出 A 级车全新提案——新一代凌派,如图 6-8 所示。作为一款战略爆品中级车,广汽本田全新设计的新一代凌派凭借更酷的外观、更大的尺寸、更丰富的安全配置,以及更出色的油耗表现,为用户带来舒适越级的驾乘新体验,但价格却比同等级其他品牌价格要低很多,一上市很快就赢得用户的"芳心",纷纷到广汽本田小程序上预约下单。自新一代凌派发布以来,销量持续走高,同比劲增 77.6%,成为超高性价的明显爆款。

图 6-8　广汽本田商城小程序

6.3.8 数据具有指数级增长的势头

衡量一款产品或一个平台是否算是爆品的关键指标是指数级增长数据，如果按照原方案设计出的爆品并没有如期实现十倍数级的增长就要放慢步伐，甚至停下来重新改进，找到原因，进行快速迭代。如近期市面上出现了一款现象级的爆款充电宝——迷你充电宝。以 HBR 为例，如图 6-9 所示，具有大容量、潮流、个性、迷你等特点，销售增速异常迅猛。看看这款产品是如何打造的？过去用到的小米、罗马仕等充电宝的充电效果不错，但是对于"90 后""95 后"年轻人来说，手机使用频次越来越高，充电宝更加成为出行的标配，很多人穿的衣服还没有外口袋，就有一些企业开始思考能不能进行改进，做到更小、更便捷，大家一开始都是在盲测阶段，直到数据增长远超其他款型产品，呈现指数级势头才最终进行量产。

图 6-9　便捷式迷你充电宝

需要注意的是，在设计爆品过程中并非要同时满足所有的原则，具体应该满足几条原则需要根据所在行业来确定。

6.4　三条小程序爆品成长路径

爆品最难的是持续成长，为企业小程序带来流量、品牌价值。爆品并不一定需要完全发明一个新产品，而是通过对产品进行全新的改造，使其超用户预期，自然会指数级增长。笔者通过大量的爆品成功案例研究及自身的实践总结了以下三条爆品成长路径。

6.4.1　用独特的功能来引爆市场

在原有产品技术上，其中某一项功能是行业中特别突出的，也能满足用户最核心痛点。

案例 6-9： 美图秀秀的美颜相机

"爱美之心，人皆有之"，美图秀秀小程序如图 6-10 所示，就是以美颜、特效让每张照片更美，美颜功能可以祛痣、瘦脸等，瞬间可以让自己具有明星范儿。美图秀秀就用这一项功能引爆了市场，现在微信朋友圈看到的漂亮人物照、风景照等大多数都是通过美图秀秀美颜的。从这个案例可以看到，围绕用户痛点，在原有产品基础上定焦于某个功能，可使产品整体的体验快速提升，进而达到引爆市场的目标。

图 6-10　美图秀秀小程序

6.4.2 重新打造新产品引爆市场

这条路径比第一条要难,但爆发性更强,通常是从用户画像、核心痛点、应用新技术等维度颠覆行业历史性的认知,给用户带来全新的认识,在用户心里是一个前卫产品。下面分享一个案例,以此阐述其与第一条路径有何不同。

案例6-10:小米空气净化器

小米在传统空气净化器的基础上使用 IOT(物联网)新技术元素,研发了米家空气净化器,如图 6-11 所示,可以实现语音、远程控制,直接连接移动端 App,也可以直接连接 Mijia 米家小程序,如图 6-12 所示。用户可以用手机轻松操作米家空气净化器,产品一经上市就深得发烧友的青睐。在新技术元素的作用下,米家空气净化器在用户心里被烙下"智能净化器"新产品的认知,具有前卫、时尚的特性。

图 6-11 小米智能空气净化器　　图 6-12 Mijia 米家小程序

6.4.3 以创新平台模式引爆市场

以开放的心态,大幅升维,将平台打造成为爆品,为企业搭建私域流量池、公域流量池、裂变流量池、会员流量池、合伙人流量池、全员流量池。用平台引爆市场,需要攻克整个平台化的供应链、需求侧、模式侧系列问题,更重要的是流量获取及交易闭环。

案例6-11:北京顺逛商城

当下,在大众创业、万众创新的背景下,社交电商快速崛起,海尔集团也清晰地看到这股浪潮,并抓住了小程序这一重要风口,打造了北京顺逛商城小程序,如图 6-13 所示。它通过高度聚焦社群交互,快速搭建了用户、微店主、意见领袖、行业大咖以及海尔集团资源为一体的智慧家庭社群生态,通过社群这一网络触点实现企业品牌与用户之间的情感互联,将用户需求与企业生产高效对接,实现需求的快速反应和迭代,为用户带来场景化的智慧家庭新体验。北京顺逛商城小程序通过对内聚焦驱动店转型、对外聚焦做社群交互的大生态模式，顺逛深耕社群交互精准把握市场终端需求，积极推动企业转型升级，将北京顺逛商城小程序打造成指尖上轻盈的消费入口与平台，成为传统企业借鉴与学习的典型爆品平台。

图 6-13　北京顺逛商城小程序

本章小结

爆品是企业小程序运营的制胜法宝，缺乏爆品的小程序等于没有运营的灵魂，因此打造爆品是企业迫在眉睫的任务。本章通过爆品为企业小程序带来的三大价值点、从企业战略角度思考小程序爆品时机、小程序爆品设计的八大原则、三条小程序爆品成长路径四个方面展开深度讲述，并且结合江小白我要表达、小牛电动车"牛油保"、美图秀秀、北京顺逛商城等经典案例进行实战剖析。

爆品要引爆必须有大流量支撑，下一章将进入企业小程序流量模型打造阶段的学习，教读者快速、科学、高效地创建企业小程序流量闭环。

第 7 章
企业小程序流量模型——创建流量闭环

近两年笔者走访了不少企业，发现有些企业谈流量色变，认为"只有京东和天猫这样的大平台才有谈流量的资本"。其实不然，每家企业、每个小程序都需要流量支撑，也具有天然的流量基因。本章将从企业小程序自带的六大隐形流量入口、企业小程序广告投放的有效途径、提升小程序流量留存的核心秘诀、三层实现小程序流量快速转化四个维度展开深度讲授，教读者如何快速创建小程序流量模型，打造具有自增长能力的闭环流量池。

7.1 企业小程序自带的六大隐形流量入口

2021年1月19日晚，微信创始人张小龙来到微信公开课直播间，进行一年一度的"微信之夜"演讲。据张小龙自己公布的数据，每天有10.9亿用户打开微信，3.3亿用户进行了视频通话；有7.8亿用户进入朋友圈，1.2亿用户发表朋友圈，其中照片6.7亿张，短视频1亿条；有3.6亿用户在读公众号文章，4亿用户使用小程序。由此可见，微信小程序还有6.9亿用户增长空间，是传统企业可预见和抓住的流量红利。

传统企业像一头沉睡的雄狮，一旦被小程序唤醒，将会产生无比强大的能量。到底如何才能激发企业流量源呢？主要从企业品牌光环、实体体验、渠道融合、企业媒体、产品触达、用户数据六个方面进行系统化打造。

7.1.1 品牌光环——塑造小程序认知

在微信小程序登录界面有一句尽人皆知的"再小的个体，也有自己的品牌"，如图7-1所示，可见品牌之于流量有多么重要。品牌是企业小程序最重要的、最稳健、最有效的流量源，它所蕴藏的是认知型大流量，因为品牌代表信任，信任就会引发用户的关注，流量就柳暗花明地到来了。

将品牌与小程序完美融合于一体，用品牌认知塑造小程序认知是一条绝妙的流量通道。

随着互联网技术的不断升级，用户互联网交互的门槛越来越低，行业之间的壁垒有所下降，企业想要打造一流的品牌难上加难，企业高管层就会产生先做流量后建品牌的想法。这种想法有逻辑瑕疵：没有品牌作为先锋，用户怎么信任企业小程序，流量获取就变得何等之难，即便有点流量，也很难转化。最好的办法是同时进行，打造品牌建立强信任关系、获取更大的影响力、产生好的口碑，把品牌吸引来的流量用精彩海报、二维码等方式转化到小程序上来。

图 7-1　微信小程序登录界面

对于已经有一定品牌积累的企业来说，因为已经有用户基础，小程序更容易建立起流量池。来看两组由腾讯官方统计的数据，仅在 2019 年 1—10 月，李宁小程序，如图 7-2 所示的起步期日均 GMV（商品交易总额）就增长了 39 倍，而在双 11 当日，GMV 同比增长了 13 倍。名创优品通过小程序，如图 7-3 所示，在 2019 年 11 月 1—11 日期间，销售额同比 2018 年增长 181.75%，小程序访问人数增加近 8 倍。通过这两组数据，不难看出，品牌是小程序业绩爆发的基础，没有李宁和名创优品两个品牌作为信任桥梁，它们的小程序也很难有如此大的业绩突破。

 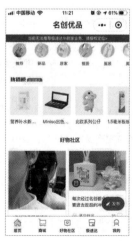

图 7-2　李宁官方旗舰店小程序　　　　图 7-3　名创优品小程序

用品牌光环塑造小程序认知，建立流量通道，主要有四种方法。

1. 将小程序打造为企业最核心的品牌入口

品牌能否为企业小程序建立稳健流量通道，关键要看企业对小程序是否重视，是否有舍九取一的勇气。通常企业会有小程序、企业 PC 端官网、微信服务号、微信订阅号、企业 App（应用程序）、线下门店等多个品牌化入口，如果同时推广，会使流量分散，效果大打折扣。这种情况下，是最考验企业取舍智慧的，如果能集中所有资源只推广企业唯一的小程序，把用户对品牌的认知转移到对企业小程序的高度信任上，小程序的流量就大有保障。

2. 针对小程序设计一场大型促销活动

小程序相较于 App、微信公众号，毕竟是个新生事物，要策划一个重大活动才能巧妙地把它与企业品牌强关联起来，让品牌自带的流量顺利地流转到企业小程序上。策划一场大型促销活动是行之有效的措施，可以选一款畅销产品，用历史最低价的方式在小程序开售，设计一张噱头爆满的海报，在企业所有品牌可渗透的通道上进行地毯式宣传。大促方法不只是这种价格型，也可以是套餐式，如"买二免一"等，还可以参考各大电商平台全场五折之类的方法。

3. 不停地通过服务体系教化所有用户

品牌是用户对商品的第一感知力，在用户触点处提供优质的服务是第二感知力，将第一感知力与第二感知力融合为小程序教化体系，这也是品牌化流量转移到小程序的重要方法。

不停地教化用户，就像"今年过节不收礼，收礼还收脑白金"那样，设计一套完整的引导体系，通过不停地信息触达，引导留存在企业微信服务号、微信订阅号、企业 CRM（客户关系管理）系统、企业 App 上的粉丝与用户到小程序上浏览，再在小程序首页上设计一个活动参与节点，提升用户互动频次，培养用户留存下来的兴趣。

为了更好地帮助读者把本书中的知识点落地，笔者从实战经验中罗列了几条好用的引导语，"小程序，大折扣，年度最大促销正在小程序进行""您常购的……商品，现在可 1 折抢购，立即扫码进入小程序""免费领取价值 599 元产品，只因您是我们的会员，进入小程序领取"，供大家借鉴。如今移动互联网时代，信息泛滥，如雨后春笋般的信息涌入人们的生活，大多数用户开始选择式阅读，甚至忽略，只有用心打磨触动用户心弦的语言才能让引导起到作用。

图 7-4　丝芙兰小程序

4. 小程序专享新品首发

把企业的产品上新放在小程序上，把核心流量导向小程序。美妆类小程序丝芙兰，如图 7-4 所示，借助"双 11"狂欢节，策划了一场小程序新品首发，与 2019 年同期销售增长 5 倍，下单转化率提升 4 倍，顺利为小程序导入品牌化流量。

7.1.2 实体体验——强化小程序背书

对于互联网行业，创业门槛越来越低，新晋企业往往一开始因营销成功而狂欢，但时间一久，用户的关注度就没那么高。对于传统企业，则相反，发展道路上一开始比较艰难，历经磨练，沉淀一段时间，实体店就会赢得信任。

对于传统企业，实体店时间越久，用户的体验感越好，带来的体验式流量会明显提升，这是企业小程序背书的有力武器，有实体店做背书，用户会更愿意通过扫码或其他途径进入小程序。

主要通过以下五种方法，将体验式流量导向小程序。

1. 线下人力协同

小程序能给用户带来很多的价值，但企业新建的小程序，在没有提前宣传的情况下，在用户认知中常常被潜意识打上"不靠谱"的标签，这时线下工作人员的贴心引导就起到关键的纠正作用。特别是理货员、收银员等离用户最近的工作人员，可以把小程序码或海报印在工服上，在为用户提供服务的过程中主动介绍小程序。长期坚持下去，小程序流量很快就会呈现指数级增长。

在主动向用户推荐小程序时，尽量做到因人而异，快速把小程序的价值点有针对性地输出给不同的用户。比如，年轻夫妇大晚上到超市选购锅，很大可能是准备做饭或饭做了一半才发现锅坏了，此时工作人员可主动上前说："您可以扫码收藏我们的小程序，下次您直接在小程序下单，不仅比实体店优惠 5 元，而且我们会在 10 分钟内送货上门"，这种情况下用户扫码收藏小程序的概率就会很大。如果有客户在收银台结账时，发现价格超出了预期，主动询问能否优惠，工作人员可以说："现在打开微信，扫一下这个小程序码，即可领取 100 元优惠券……"

2. 门店海报导流

线下门店海报（门口处）为小程序导流，帮助商户实现快扫码、快成交、快运营。

当用户进入实体店时，推门前的 5 秒钟能给用户提供第一个最佳的小程序触点，其展示形式是门店门口处的海报，如图 7-5 所示。

有了门店海报，商家可以再设计一个门把手上的"推/拉"宣传小程序贴片来强化用户对小程序的记忆。

这是线下场景用户与小程序接触的第二触点，它的使命是对那些没有注意到门店海报上小程序宣传内容的用户进行补漏，同时对已经注意到海报上小程序宣传内容的用户进行强化记忆，勾起用户好奇心。

此外，"推/拉"小程序贴片上最好不要放小程序码，因为会影响用户进出门的安全，还会因小程序码所占面积过大影响小程序文字介绍。建议采用"推/拉"+"小程序名称"+"定位语/广告语"即可，文字总数控制在 15 字以内为佳。

除了门店海报和门把手，桌牌也是小程序导流的入口。一个小小的桌牌就能决定进店用户可否被成功导流至小程序,所以桌牌的设计要高端、简约一些,如图7-6所示。桌牌要尽可能大一点,让用户通过第一触点的吸引、第二触点的强化后,顺利被第三触点导流至小程序。

图7-5 带小程序二维码的门店海报

图7-6 带有小程序码的桌牌

桌牌内容结构为:小程序名称+小程序码+小程序活动介绍。

现在线下服务业基本都有座牌,在用户进店并坐下来的前10分钟内是用户扫码进入小程序的黄金时间,千万不能轻易错过,建议让工作人员或导购上前指导。

3. 用"扫码购"导流

由微信主导的"扫码购"整合了小程序、微信支付、扫一扫等微信产品能力,再说直白一点,"扫码购"就相当于顾客的一把"私人定制的扫码枪",用户拿起手机就可以随时扫码,如图7-7所示,便捷购物,也为企业小程序创建了一条新的流量通道。

为何"扫码购"这么火?因为它有以下两点重要的价值:

第一,从用户角度,可以使用"扫码购"查看商品信息,获取优惠信息,了解相关产品推荐以及自助结账,如图7-8所示。即便高峰期,也不用再为排队而苦恼。

图7-7 用户"扫码购"界面

图7-8 "扫码购"优惠信息界面

第二，从企业角度，可以将企业的优惠信息、促销活动、会员资讯等服务，通过"扫码购"高效、直接地触达顾客，带给顾客更优质的服务体验。

用"扫码购"为企业小程序导流的三条路径如下：

（1）结合个性化优惠券及购物车等促销运营模式，激励用户进入小程序；

（2）让会员注册的门槛进一步降低，激励用户收藏小程序；

（3）告诉用户利用"扫码购"，无须排队等待漫长结账时间。常规收银台，平均每个顾客收银时间约 2 分钟，而"扫码购"平均收银时间仅需 1 分钟，收银时间节省 50%。

4. 差异服务导流

有些用户可能还没有感受到小程序带来的优质服务，企业实体店与小程序之间可以采用差异化服务的方式驱动用户从实体店走向小程序。可以把原本线下实体店的服务转移到小程序上，将小程序作为用户享受服务的前提条件，比如开购物发票、退换货、购物积分累计、积分换购/抵现等。以积分抵现为例，如图 7-9 所示，购买该产品应付 149 元，其中积分可以抵扣 7 元，但是必须要在小程序上下单才能享受此项服务。

5. 附近发券导流

传统企业可以利用"小程序+门店"来进行基于 LBS（地理位置）的定向发放优惠券，因为进行推广的门店就在附近，用户经常去，他们就会对优惠券感兴趣，愿意到小程序领取优惠券。一旦把优惠券力度加大，并限定失效时间，大多数用户就有到店消费的积极性。举个简单的例子，丽家宝贝掌上旗舰店小程序，如图 7-10 所示，利用门店优势，基于 LBS 在微信朋友圈定向投放 30 元的优惠券，吸引了大量附近的年轻妈妈的关注，她们纷纷到丽家宝贝掌上旗舰店小程序领取，既为小程序导入了优势流量，也为门店提升了品牌效应。

图 7-9　小程序积分抵扣页面

图 7-10　丽家宝贝掌上旗舰店小程序发券界面

7.1.3 渠道融合——加速小程序下沉

传统企业具有天然的渠道基因，在移动互联网去中心化的作用下，前几年很多企业把这些渠道中的一部分，甚至是全部砍掉、弱化了，如今回头一看，非常可惜，因为这一做法使其失去了企业小程序下沉的有力武器。

很庆幸，仍然有部分传统企业依然保留渠道，可以用于建立小程序下沉通道，为小程序搭建下沉流量管道。那么，如何与渠道网络建立长期的合作，携手搭建能形成利益共同体的小程序流量管道呢？下面笔者分享四种成功率较高的方法。

1. 一键分享的分销模式

这里的分销模式是由企业搭建的小程序平台，在小程序首页开放一个"成为分销员"或"成为合伙人"的入口，可以设立自购销售额、团队销售金额、团队发展人数等多个门槛来把渠道分成多个级别，级别越高，销售分成比例就越高，渠道成为分销员后想要升到更高级别就需要完成指定的销售额或发展团队人数等任务。

这种分销模式的操作流程如下：

第一步，到小程序管理后台开启"分销员招募"，设立成为分销员的门槛，如图 7-11 所示。

图 7-11 小程序分销员招募开启界面

对于刚开发的企业小程序，如果想快速吸引更多的销售员加入，最好把门槛设计低一点，从需购买商品、销售笔数、自购金额中选一项即可，而且把数据尽可能压低，比如销售笔数设置为 1 笔，或者自购金额设置为 100 元，这样每个感兴趣的用户都能更快地采取行动，加入进来。

第二步，设计分销员招募或推广计划，用一个清晰的页面吸引用户参与进来，如图 7-12 所示。

第三步，在小程序后台创建分销等级，等级数量依据企业实际需求确定，最多不超五级，如图 7-13 所示，设计了四个等级。

图 7-12　分销员招募及推广页面　　　　图 7-13　小程序分销员等级划分

第四步，在小程序后台开启海报功能，设计好海报模型，如图 7-14 所示。

图 7-14　分销员海报设计后台

第五步，为分销员创立可用于宣传的创意性商品素材，如图 7-15 所示。

图 7-15　设计创意素材

人是视觉动物，在小程序分销素材中尽可能多地提供或编辑写视频素材，可以帮助分销员更好地宣传商品，更快地把产品卖出去。

以上就是渠道变小程序分销员的整个流程，只要用心操作，很快就能学会。

2. 自由创新的开店模式

在传统企业的渠道网络中有较多的渠道是有自己的业务，如卖多家企业的产品，一键分享的分销员模式就无法满足渠道的销售需求了，为此，笔者分享第二种可长期合作的模式，也就是开店模式。这种创新式的开店模式，为企业（渠道）量身定制的销售解决方案，发动代理商、渠道商等，来到企业的小程序实现零成本开店，共同走向前沿的社交电商时代。

企业在为渠道提供完整的小程序闭环体系过程中，渠道既可以在小程序上卖企业提供的商品，也可以在渠道上销售其他的商品。以小程序作为连接器，把更多好的商品、用户、资源融在一起，实现联合创富。

开店模式的核心操作流程如下：

第一步，设置渠道级别，依次命名等级名称、等级折扣、升级条件，如图7-16所示。

图 7-16　渠道级别设置

第二步，根据不同的等级设置不同的权限，比如销售量不低于10 000元/月才给释放上传渠道商自己商品的权限。这样做可以更好地激励渠道用心在小程序上销售产品，让小程序的流量增长更快。

温馨提示：小程序的延展能力很强，如果企业已经开发的小程序没有这项功能，可以用第三方插件的形式与小程序接口打通，直接使用，省钱又省时间。

3. 商务能力的采销模式

对于销售能力与商务能力强的渠道，企业可以将小程序作为渠道的采购平台，依据采购的量自动按照设定的折扣比例给予渠道商优惠，设置比例的方法与图7-16所示的方法雷同。

随着小程序日活用户数量的急剧增加，更加说明用户对小程序使用习惯日渐成熟，小程序可以使渠道商订货更加及时、便捷，企业仓储物流部门也可以随时随地地用小程序查看订货消息，管理部门也能随时随地查看各渠道销售业绩，如图7-17所示。

4. 战略维度的平台模式

如果企业有更远大的格局，还可以把小程序打造成与渠道商共有的事业平台，把每个渠道变成企业命运共同体的一部分，让中小型企业团体取暖，使小程序快速成长起来。

从战略维度看，把渠道融合成企业小程序命运共同体的步骤如下：

第一步，设计深度合作模式。找那些有资金、有人脉、有野心的渠道，发展成为合伙人，最好联合投资小程序，一旦参与投资了，渠道就会全力协助推广小程序。投资金额无须太大，十几万元或二十几万元就够了，重在给渠道压力与希望。

第二步，确认渠道阶段任务。小程序起步的种子用户主要还是靠渠道资源联合推广，因为渠道已经变成合伙人了，就可以明确安排任务，把渠道所具有流量价值的场景全部布上小程序码或小程序宣传海报。为其合伙人的员工做系统化的培训，引导用户进入小程序浏览。

第三步，给渠道授权查数据。利用小程序数据助手，为渠道合伙人授权查阅小程序的阶段性数据，如图7-18所示，让渠道合伙人时刻了解自己所带来的实际价值。

图7-17　小程序渠道管理

图7-18　小程序数据助手授权

7.1.4　企业媒体——放大小程序价值

企业每个媒体平台都是小程序重要的流量入口，可以很好地放大小程序的价值。企业主要的媒体平台及小程序流量入口搭建如下。

1. 技术类平台

这里主要是指企业开发的 App，企业前期花大量人力与金钱投入运营，必然会有一定的流量基础，它是企业为小程序导流的重要入口。

App 关联小程序后，可从 App 跳转到微信，打开关联的小程序。在同一开放平台账号下的移动应用及小程序无须关联即可完成跳转，非同一开放平台账号下的小程序需与 App 成功关联后才支持跳转。

App 关联小程序的三条规则如下：

（1）只有已通过审核的 App 具备关联资格。

（2）一个移动应用只能最多同时绑定 3 个小程序，每月支持绑定次数 3 次。

（3）同一个小程序可被 500 个移动应用关联。

2. 管理类平台

管理类平台主要包括以下核心平台。

（1）企业 PC 官网。

对于用户来说，企业 PC 官方是最值得信赖的地方，特别是带有蓝色官方标志的网站，如图 7-19 所示。如果用户是第一次听说一个品牌或产品，也有兴趣尝试，往往就会去百度搜索一下，如果连官方网站都没有，信心至少折半，未来推广小程序的难度就会加大。因此，如果企业的网站还没有达标，建议尽快完善。

图 7-19 带有蓝色官方标志的网站

有了建立信任的官方网站，就可以找一个合适位置，为小程序导流，建议放在官网的右上角，如图 7-20 所示，这样既可以方便用户扫码进入，也不会影响用户浏览。官网体验。

（2）微信公众号。

微信公众号已成为企业发展的必备工具，可以实现信息发布、用户管理、流量转化、打通线上线下等综合性价值，而小程序则成为企业微信公众号运营的标配。

图 7-20　官方网站的小程序导流入口

一般看到的头部小程序大多是从微信公众大号中孵化出来的微信，具体操作方法如下：

在微信公众号图文中插入小程序卡片的形式，如图 7-21 所示。

在微信公众号菜单栏选项中插入小程序，如图 7-22 所示。

　　　(a)　　　　　　　　(b)　　　　　　　　(a)　　　　　　　　(b)

图 7-21　在微信公众号图文中插入小程序卡片　　图 7-22　在微信公众号菜单栏选项中插入小程序

如果企业有多个微信公众号，或者兄弟企业的微信公众号流量较大，可以同时关联企业的小程序，公众号关联小程序后，不仅能形成矩阵式的力量，还能在自定义菜单、模板消息、客服消息等功能中使用小程序。在微信公众号图文消息中可直接使用小程序卡片、链接、图片素材，无须关联小程序，使小程序快速形成爆发力。

企业微信公众号关联小程序的规则如下：

- 所有微信公众号都可以关联小程序。
- 微信公众号可关联 10 个同主体，3 个非同主体的小程序。微信公众号一个月可新增关联小程序 13 次。

- 小程序可设置无须关联确认。设置后，微信公众号关联小程序不需要小程序确认，单方操作即可关联成功。
- 小程序可设置需关联确认。设置后，微信公众号关联小程序需小程序管理员确认后才能关联成功。
- 小程序可设置不允许被关联。设置后，微信公众号无法关联此小程序。

企业微信公众关联小程序的流程如下：

第一步，在企业微信公众号后台找到"小程序管理"入口，如图 7-23 所示。

第二步，点击"添加功能插件"，然后点击"关联小程序"，如图 7-24 所示，确认后即可完成。

图 7-23　微信公众号关联小程序入口

图 7-24　添加并关联小程序

第三步，微信公众号管理员扫码，然后输入要管理的小程序 ID 并确认，如图 7-25 所示，即可完成关联。

图 7-25　输入小程序 ID 并确认

（3）企业微信。

现在企业微信中已支持使用小程序，它也快速成为小程序的重要流量入口之一。企业微信移动客户端有内置小程序基础库，微信小程序可在企业微信上运行，同时企业也可以针对企业微信提供的特殊接口开发出更适应于企业内部场景的小程序。需注意，企业微信只支持运行已在微信上架的小程序。

企业技术人员可将小程序关联到企业微信，关联后可设置在企业微信的工作台与个人对外信息展示小程序。

小程序关联企业微信的步骤如下：

第一步，登录企业微信管理后台→进入应用与小程序→小程序→关联小程序；或登录小程序管理后台→设置→关联设置，找到"关联到企业微信"→"前往关联的入口"。

第二步，关联需要小程序开发者授权，故会跳转到公众平台中进行一次授权扫码，请使用要关联的小程序所属的管理员微信号进行扫码授权。

第三步，对小程序进行可见范围的设置。

第四步，关联完成，设置了可见范围的企业成员可以在工作台看到关联的小程序。

（4）新浪微博。

企业新浪微博依然是企业对外宣传的媒体，也是企业与用户沟通、互动、达成互信的平台，可以用它对外推广企业小程序，同时也可以把微博的流量很好地导向企业小程序。

导流的方法主要有以下三种：

第一种，用微博图文吸引用户进入小程序。内容要以故事化、拟人化等能够引起共鸣的形式撰写。网络上信息泛滥，让用户在海量的信息流中钟爱企业的信息才能更好地把用户吸引到小程序上。另外，在发微博时至少放置一张配图，因为图片与文字搭配更利于粉丝注意和阅读，也可以考虑在图片上添加小程序的推广内容，以实现间接宣传。

第二种，发起微博话题，引起粉丝的关注。微博话题的目的是通过提示粉丝有新消息的方式引发粉丝的关注，进而引发大量的网友"围观"。最好配合有利益驱动的活动，刺激粉丝所见即行动，如图7-26所示。

第三种，微博头条文章，激发粉丝的兴趣。除了上述两种短平快的微博导流方法之外，还有一个具有更长远影响力的微博导流模式，即微博头条文章，其可以利用更长篇幅的精彩故事、引人入胜的话题等形成粉丝转发，并且在粉丝转发过程中形成精彩的点评而加速传播。

图7-26　发起微博话题

3. 知识类平台

知识类平台主要包括以下核心平台——百度平台和知乎平台。

（1）百度平台。

"有事搜一搜，没事看一看"这是百度的广告语，也是人们生活与工作的百科全书，企业可以利用百度平台为小程序导流，原理就是"搜索即流量"，再说直白一点就是当用户用百度搜索关键词时就能看到企业的小程序软广告。因为用户有需求，广告也不是很生硬，用户也没那么反感，最终成为企业的小程序粉丝、用户。

可以通过在百度百科、百度文库、百度知道等输入的价值内容，引导用户进入小程序。以百度文库为例，一家做面膜的企业，可以在百度文库上传带有小程序码的面部保养方法，当一个用户正好在百度搜索"面部保养方法"，只要内容靠谱，方法有效，用户是愿意把文档看完或下载该文档，为了验证靠谱性，会选择扫码进入小程序一探究竟，顺利为小程序导入一个准确流量。

（2）知乎平台。

爱学习的读者对知乎应该很熟悉，它是网络问答社区，也是各行各业重要的用户交流平台。用户分享着彼此的知识、经验和见解，为彼此提供多种多样的信息。同时，用户围绕着某一感兴趣的话题进行相关的讨论，同时可以关注与其兴趣一致的人，形成一个有共同价值观作为支撑的半开放式社群。

有关注度的地方，就有小程序所需要的流量，知乎是现在年轻人很喜欢的知识型社群，受关注度很高。那么如何利用企业知乎平台为小程序搭建一条有效的流量通道呢？

首先，需要在知乎平台注册一个带有"IP"价值的名称，要与内容定位有关联，例如服装类可以用"我很爱美"，美妆类可以用"爱敷面膜的戏骨"、孕婴类可以用"三个宝妈的故事"，培训类可以用"职场达人秀"，金融类可以用"零钱致富"。也可以用"品牌名+内容定位"来命名，如"清扬去屑技巧""阿芙精油养生""联想指尖高手"。如已经有很强的人设，且已经在用户心智中存在一定的地位，可以直接用"人名+内容定位"来命名，如"李佳琦识口红"或"李子柒美食坊"等。

其次，充分利用知乎"回答问题、提出问题、撰写文章、表达想法"四大法宝，如图7-27所示，塑造企业的知乎账户在知乎大平台的吸引力，吸引用户关注。下面就这四大法宝展开阐述，供企业快速用在小程序实际运营工作中。

图7-27 知乎的"四大法宝"

第一大法宝，回答问题。

这是主动拉人气的首选途径，打开知乎，可以看到很多的问题，如图 7-28 所示，不要着急回答，每个问题背后不管提问者还是回答问题的用户，他们被问题吸引在一起，形成了一个以问题为中心的小圈子，找到与企业受众相关的问题，认真准备回答的内容，用专业度与责任心获取用户的信任。以美妆类的企业为例，图 7-29 所示的 "进口化妆品假不假？" 问题下面显示有 420 个浏览，只要能用专业的问题打动关注者，就有机会获得 420 个点击量，从而有不错的流量存蓄下来。

图 7-28　知乎首页问题展示

图 7-29　美妆类知识问答

第二大法宝，提出问题。

在知乎上提问题，是一门学问，所提出的问题能触动多少人的痛点，就能获得多少关注度，因此提出的问题要有深度，参与的人气会更旺。

以奶粉产品为例，从用户的角度想想他们最担心什么、最在乎什么？只要用 "奶粉" 关键词在知乎搜索一下就知道了，如图 7-30 所示。

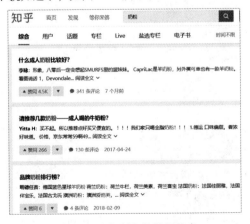

图 7-30　"奶粉"关键词搜索

知乎把用户对奶粉产品关心的问题都提出来，这些问题会逐渐形成一个个话题圈子，所有圈子中的问题相关性极强，而圈子中的人会形成一个具有相同认同感的社群。销售奶粉产品的小程序电商运营者应当加以注意和研究，为后面用户在"回答"模式中话题性植入小程序奠定良好的基础。

第三大法宝，撰写文章。

与前面的"回答问题""提出问题"不同，"撰写文章"要有独特的观点表述对某件事或某个行业的看法与建议，能够以更深度、更系统的长篇研究与观点来吸引知乎上的网友，塑造自身在知乎上某个小圈子中的知名度。

所写的文章观点越独特、表述越有趣，就越能引发读者共鸣，获得更多关注。

以茶叶为例，大家知道茶叶有哪几种吗？它们适合什么人，在什么季节、什么场景下喝？估计很多经常喝茶的人也不能回答出来，因为大多数人并不真正懂茶。如果商家小程序电商销售的产品是茶叶，可以从茶经、茶艺等角度展开深度撰写，能让读者通过文章快速懂得选茶、喝茶，学会以茶养生。企业可以在文章中巧妙引导读者搜索和进入小程序学习更系统的茶艺，购买性价比更高的茶叶。

第四大法宝，表达想法。

像微信朋友圈那样把灵光一现的点子或想法大声说出来，勇敢地向外界发声。

知乎的"表达想法"，用简短的语言表述自己此时此景的真实感受，让读者可以感受到文字的背后是一个有态度、有生活、有知识、有情感的人。

作为一名小程序运营者，建议用知乎的"表达想法"来强化其与通过"回答问题""提出问题""撰写文章"吸引过来的粉丝之间的信任度，避免频繁植入小程序广告。

以上是关于知乎助力小程序运营的"四大法宝"。建议商家在小程序确定主推品类后再开启知乎推广模式，这样可以把"四大法宝"用到极致。

每个小程序都应该有一个明确的主推商品系列，比如许鲜优选小程序主推新鲜水果，单向空间小程序主推经典图书，朱华杰微课堂小程序主推视觉培训与图书。确认主推品类后才能准确定位知乎内容方向与运营计划。

4. 视频类平台

视频类平台主要包括以下核心平台。

（1）抖音视频。

随着云计算、大数据的不断赋能，媒体所能提供的内容也从传统意义的新闻猎奇升级为有趣、好玩、个性化的生活乐趣，甚至在某个阶段、某个时刻会成为用户的精神食粮，就像刷微信一样让用户产生极强的依赖性，抖音就是最有代表性的一种。

下面以抖音为例，阐述如何为小程序"种草"（"种草"是当下年轻人很流行的一个网络用语，意指分享和推荐某一商品的优秀品质，以激发他人购买欲望的行为），建立一条新型的流量通道，源源不断地为小程序导流。

专注于娱乐社交的抖音是小程序"种草"神器。如今小程序电商的蓝海向三、四线城市推移，而根据腾讯官方公布的数据，对于大多数三、四线城市的用户来说，小程序还是很陌生，需要使用一种快速让用户参与的方法或工具，实现教育用户的目的。

抖音以极强的娱乐性激发了用户的参与感，越来越多的三、四线地区用户参与进来，刚好可以为小程序电商走向三、四线城市提前建立用户认知，建立流量通道。

把小程序包装为抖音粉丝服务平台，通过抖音账户介绍巧妙引导粉丝加客服微信，再由客服引导进入小程序，实现导流目标。

（2）淘宝直播。

淘宝直播处于风口之上，不能忽视它带给小程序的势能，虽然不能直接与微信小程序打通，但依然是小程序流量的核心入口之一。企业可以通过淘宝直播造势，比如请明星助阵，以此把明星的知名度与自带流量带进直播间，以李佳琦为例，2020年曾请了不少一线明星到直播间助力，瞬间流量急速增长，成为头条事件。中小型企业，如果没有足够的资金请明星，可以借鉴"火箭少女"组合思维，组建一支颜值较高、各怀才艺、清纯活力的主播组合，也是吸引流量的重要方式。

火热背后必然是蜂拥而至，进入残酷竞争，淘宝直播虽然处于风口，但必须要有一定的独特性且快速冲到主播排行前列，需要依据企业的团队实际情况建立一套标准的直播体系。

决定企业淘宝直播成败的关键是主播的综合能力，如何选择优秀的主播，是企业要思考的重点，笔者在认真研究与实践打磨中梳理了一套优秀主播画像，一共是7个维度，11项指标，因此笔者归纳为"7-11"标准，详见表7-1。可能因为行业不同，有所差异，可以在此基础上按照企业对主播的个性化要求进行优化调整。

表7-1 主播画像"7-11"标准

	个人心态	教育程度	颜值级别	家庭背景	口才实力	直播认知	才艺情况
稳定性							
原则性							
忠诚度							
长期性							
学习力							
爆发力							
抗压力							
吸引力							
独特性							
带货力							
经验值							
备注	姜开成主播能力值＝抗压力 × 忠诚度 × 爆发力 × 带货值						

选定主播之后,就要思考如何定向培养、历练主播,需要企业从直播的准备期、实践期、裂变期、衰退期四个阶段依次梳理出标准的主播工作手册。笔者以服务的企业为案例,罗列了一份直播手册清单,详见表7-2所示,供大家借鉴与学习。

表7-2 勾藤古茶网红主播手册清单

直播阶段	文件名称	核心用途	负责人	交付时间
准备期	《××古茶直播爆品打造计划》	明确××古茶网红款打造全流程		
	《××古茶直播款产品清单》	深挖每款可直播的产品感知价值		
	《××古茶直播产品知识手册》	全员必知的××古茶标准知识点		
	《××古茶直播全流程时间点》	直播全流程时间节点标准化管理		
	《××古茶主播甄选标准及培养》	明确符合××古茶标准主播画像		
	《××古茶主播仪容仪表规范》	××古茶各平台主播标准化形象		
	《××古茶网红主播合作方式》	明确主播长短中期多种合作形式		
	《××古茶直播设备及调试规划》	保障整个直播的效果与用户体验		
	《××古茶各直播型平台规则》	团队全员及主播不可挑战的红线		
	《××古茶直播产品价格体系》	主播必须遵守直播产品价格体系		
实践期	《××古茶直播销售带货策略》	直播过程的价值成交与快速带货		
	《××古茶直播现场流量裂变》	利用主播及平台流量来设计裂变		
	《××古茶直播活动营销道具》	直播过程中不同节点的营销道具		
	《××古茶直播人设与气氛渲染》	不同主播形成统一××古茶人设		
	《××古茶主播话术逻辑与台词》	标准化的产品内容及价值观输出		
	《××古茶主播考核指标与标准》	每个主播要严苛遵守达标全指标		

续表

直播阶段	文件名称	核心用途	负责人	交付时间
裂变期	《××古茶直播合伙人炼狱计划》	××古茶主播标准快速对外输出		
	《××古茶直播合伙人裂变模式》	以人养人××古茶主播裂变模式		
	《××古茶直播合伙人增收模型》	主播增收的关键指标与计算公式		
	《××古茶主播忠诚度管理制度》	实践中培养可长期合作核心主播		
	《××古茶平台主播全员管理系统》	用现代化的科学系统来管理主播		
衰退期	《××古茶KOL头部矩阵打造计划》	用KOL的精神力量来稳住流量池		
	《××古茶KOC腰部矩阵打造计划》	用KOC的口碑力量来强化流量池		
	《××古茶新4C腿部矩阵打造计划》	用新4C的关系链打造内容生态链		

按照以上淘宝直播的规范运营之后，就会日渐起色，流量与人气与日俱增，然后在直播中策划引流活动，引导用户留下信息资料，再通过企业客服部、社群运营部协同，用客服个人微信、微信群、电话外呼的方式导向小程序。

（3）直播小程序。

基于小程序的直播现在很受用户欢迎，相比淘宝直播，它在微信生态下，基于用户对微信的依赖，用户参与门槛更低，使用更便捷，更重要的是可以基于企业的创新思维进行个性化开发，可以让直播更好玩、更有趣。比如，蘑菇街购物台小程序，如图7-31所示，就是最早尝试自主开发女装类直播类小程序的典范，并获得巨大成功。

直播小程序有两类：一类是微信官方纳入视频号的直播小程序；另一类是企业自行开发或第三方提供的小程序。第一类很简单，只需开通视频号就能清晰看到里面的具体功能，它的缺点就是功能太少，不足以实现企业小程序直播创新玩法。建议把第一类与第二类结合起来。

开发一款好用的直播小程序需要投入不小资金，中小型企业如果觉得风险太大，可以尝试先选一款靠谱第三方开发的简单实用的直播小程序，只要可以边讲解产品边聊天边卖产品，用户可以边看边买，且能打通企业现有的小程序即可。图7-32就是使用第三方直播小程序，当用户在直播间想购买商品，就会跳转到企业的小程序，直接付款即可。这种方式可以很好地用直播小程序的气氛感染力，为企业的小程序导入更多的流量，为企业小程序多打造了一条流量通道。

（a）	（b）

图 7-31　蘑菇街购物台小程序

（a）	（b）

图 7-32　第三方直播小程序

7.1.5　产品触达——新增小程序入口

产品是真正与用户零距离接触的触点，这一触点即可为小程序新增流量入口。

企业销售产品的渠道有很多，其中有线下代理商、线下商超、京东／天猫／唯品会线上电商平台、企业 App、企业官网、微商城等，只需以产品为中心完成以下五个小动作，就能瞬间为企业小程序带来巨大且可持续的流量。

1. 在外包装上打造精美的小程序码

外包装上印制小程序码到底有多重要呢？以线下商超为例，当一名用户逛超市时，看到一款自己喜欢的产品，可能是听过或没听说过的品牌，其一般会有三种选择：第一种是果断放弃购买；第二种是毫不犹豫地放在购物车；第三种是在促销员的介绍下选择尝试。只要产品摆出来就一定会有人感兴趣，有人愿意尝试，就会有大量的流量产生，小程序码可以帮助感兴趣的人深度进入小程序了解品牌及其他产品，体验过的人就可以通过外包装上的二维码直接扫码复购，为小程序搭建一条流量通道，还可以为未来口碑裂变打下坚实的基础。如图 7-33 所示，把二维码印在商品包装的右下方，就是很好的导流入口。

图 7-33　商品展示小程序码

通过很长一段时间的观察，笔者发现企业在印制外包装二维码时有以下五个较大的误区。

误区一，放官网二维码更有品牌价值。不少企业用二维码生成器强行把企业 PC 端的官方做成二维码，放在产品外包装上，这是极为不科学的，因为手机分辨率与 PC 端完全不同,用户一扫描进去就出现各种异常,比如显示不全、打开速度很慢,用户很难有耐心坚持看 PC 网站。有些企业略有改进,做了一个移动端的网页,依然用工具生成二维码,印制在外包装上,用户打开后如果暂时没有购买意向,有一天突然想到该产品,想要购买就找不到入口了。

误区二,放微信公众号二维码更有利于用户管理。几年前,微信公众号二维码成为企业商品包装上放置的首选流量入口,相较于官网,它可以更好地帮助企业搭建流量闭环,用户只要有智能手机,就能完成扫码、关注、浏览、购物、客服、复购、分享链接需求,而且用户可以随时随地通过微信公众号找到想要购买的商品或咨询相关的问题。实际上,现在用户很少看微信公众号,一旦企业经常推送图文,反而会引发用户反感。

误区三,放置京东、淘宝、京东电商店铺二维码。随着京东"618"、天猫"双11"、淘宝"双12"、当当"423"书香节等电商平台发起的系列大促玩法,传统企业也开始认识到电商的重要性,慢慢把企业商品上的原官网或微信公众号的二维码更换为电商店铺的二维码,以此开始进行企业的"触网行动",也即是正式向外发声企业进入互联网领域。图 7-34 就是直接在商品包装上打上了淘宝店铺二维码。这样做,固然对企业转型升级是一大利好的做法,同时也带来另外一个问题,就是用户必须先有淘宝账户,并且要开通支付宝,才能扫码进入企业的淘宝店这样无疑提高了用户参与的门槛。有一个不争的事实是,使用微信比淘宝更加刚需。通过艾瑞网提供的数据,如图 7-35 所示,微信的用户量将近淘宝的两倍,提升了用户参与门槛,不利于获取流量。

图 7-34 商品包装上的淘宝店铺二维码　　图 7-35 艾瑞网 App 应用排行

误区四,把企业 App 应用下载的二维码放在商品包装上。今天用户越发强烈地要逃离 App 时代,自从 4G 网络以后,手机就成为了万能的神器,手机可以刷码登机、高铁安检进站、购买商品、银行转账等,手机上下载的 App 就开始越来越多,内存越来越不够用,用户开始反感下载各种 App,更何况下载需要稳定的网络环境。站在企业角度,这种做是成立的,但实际上用户的认可度不高,就需要不断改进。

误区五,把抖音二维码印制在商品的包装上。抖音很火,但还处于媒体向商业化升选定主播之后，就要思考如何定向培养、历练主播，需要企业从直播的准备期、实践期、裂变期、衰退期四个阶段依次梳理出标准的主播工作手册。笔者以服务的企业为案例，罗列了一份直播手册清单，详见表7-2所示，供大家借鉴与学习。

表7-2　勾藤古茶网红主播手册清单

直播阶段	文件名称	核心用途	负责人	交付时间
准备期	《××古茶直播爆品打造计划》	明确××古茶网红款打造全流程		
	《××古茶直播款产品清单》	深挖每款可直播的产品感知价值		
	《××古茶直播产品知识手册》	全员必知的××古茶标准知识点		
	《××古茶直播全流程时间点》	直播全流程时间节点标准化管理		
	《××古茶主播甄选标准及培养》	明确符合××古茶标准主播画像		
	《××古茶主播仪容仪表规范》	××古茶各平台主播标准化形象		
	《××古茶网红主播合作方式》	明确主播长短中期多种合作形式		
	《××古茶直播设备及调试规划》	保障整个直播的效果与用户体验		
	《××古茶各直播型平台规则》	团队全员及主播不可挑战的红线		
	《××古茶直播产品价格体系》	主播必须遵守直播产品价格体系		
实践期	《××古茶直播销售带货策略》	直播过程的价值成交与快速带货		
	《××古茶直播现场流量裂变》	利用主播及平台流量来设计裂变		
	《××古茶直播活动营销道具》	直播过程中不同节点的营销道具		
	《××古茶直播人设与气氛渲染》	不同主播形成统一××古茶人设		
	《××古茶主播话术逻辑与台词》	标准化的产品内容及价值观输出		
	《××古茶主播考核指标与标准》	每个主播要严苛遵守达标全指标		

续表

直播阶段	文件名称	核心用途	负责人	交付时间
裂变期	《××古茶直播合伙人炼狱计划》	××古茶主播标准快速对外输出		
	《××古茶直播合伙人裂变模式》	以人养人××古茶主播裂变模式		
	《××古茶直播合伙人增收模型》	主播增收的关键指标与计算公式		
	《××古茶主播忠诚度管理制度》	实践中培养可长期合作核心主播		
	《××古茶平台主播全员管理系统》	用现代化的科学系统来管理主播		
衰退期	《××古茶KOL头部矩阵打造计划》	用KOL的精神力量来稳住流量池		
	《××古茶KOC腰部矩阵打造计划》	用KOC的口碑力量来强化流量池		
	《××古茶新4C腿部矩阵打造计划》	用新4C的关系链打造内容生态链		

按照以上淘宝直播的规范运营之后，就会日渐起色，流量与人气与日俱增，然后在直播中策划引流活动，引导用户留下信息资料，再通过企业客服部、社群运营部协同，用客服个人微信、微信群、电话外呼的方式导向小程序。

（3）直播小程序。

基于小程序的直播现在很受用户欢迎，相比淘宝直播，它在微信生态下，基于用户对微信的依赖，用户参与门槛更低，使用更便捷，更重要的是可以基于企业的创新思维进行个性化开发，可以让直播更好玩、更有趣。比如，蘑菇街购物台小程序，如图7-31所示，就是最早尝试自主开发女装类直播类小程序的典范，并获得巨大成功。

直播小程序有两类：一类是微信官方纳入视频号的直播小程序；另一类是企业自行开发或第三方提供的小程序。第一类很简单，只需开通视频号就能清晰看到里面的具体功能，它的缺点就是功能太少，不足以实现企业小程序直播创新玩法。建议把第一类与第二类结合起来。

开发一款好用的直播小程序需要投入不小资金，中小型企业如果觉得风险太大，可以尝试先选一款靠谱第三方开发的简单实用的直播小程序，只要可以边讲解产品边聊天边卖产品，用户可以边看边买，且能打通企业现有的小程序即可。图7-32就是使用第三方直播小程序，当用户在直播间想购买商品，就会跳转到企业的小程序，直接付款即可。这种方式可以很好地用直播小程序的气氛感染力，为企业的小程序导入更多的流量，为企业小程序多打造了一条流量通道。

(a)　　　　　　(b)　　　　　　　　　　(a)　　　　　　(b)

图 7-31　蘑菇街购物台小程序　　　　　图 7-32　第三方直播小程序

7.1.5　产品触达——新增小程序入口

产品是真正与用户零距离接触的触点，这一触点即可为小程序新增流量入口。

企业销售产品的渠道有很多，其中有线下代理商、线下商超、京东／天猫／唯品会线上电商平台、企业 App、企业官网、微商城等，只需以产品为中心完成以下五个小动作，就能瞬间为企业小程序带来巨大且可持续的流量。

1. 在外包装上打造精美的小程序码

外包装上印制小程序码到底有多重要呢？以线下商超为例，当一名用户逛超市时，看到一款自己喜欢的产品，可能是听过或没听说过的品牌，其一般会有三种选择：第一种是果断放弃购买；第二种是毫不犹豫地放在购物车；第三种是在促销员的介绍下选择尝试。只要产品摆出来就一定会有人感兴趣，有人愿意尝试，就会有大量的流量产生，小程序码可以帮助感兴趣的人深度进入小程序了解品牌及其他产品，体验过的人就可以通过外包装上的二维码直接扫码复购，为小程序搭建一条流量通道，还可以为未来口碑裂变打下坚实的基础。如图 7-33 所示，把二维码印在商品包装的右下方，就是很好的导流入口。

图 7-33　商品展示小程序码

通过很长一段时间的观察，笔者发现企业在印制外包装二维码时有以下五个较大的误区。

误区一，放官网二维码更有品牌价值。不少企业用二维码生成器强行把企业 PC 端的官方做成二维码，放在产品外包装上，这是极为不科学的，因为手机分辨率与 PC 端完全不同,用户一扫描进去就出现各种异常,比如显示不全、打开速度很慢,用户很难有耐心坚持看 PC 网站。有些企业略有改进,做了一个移动端的网页,依然用工具生成二维码,印制在外包装上,用户打开后如果暂时没有购买意向,有一天突然想到该产品,想要购买就找不到入口了。

误区二,放微信公众号二维码更有利于用户管理。几年前,微信公众号二维码成为企业商品包装上放置的首选流量入口,相较于官网,它可以更好地帮助企业搭建流量闭环,用户只要有智能手机,就能完成扫码、关注、浏览、购物、客服、复购、分享链接需求,而且用户可以随时随地通过微信公众号找到想要购买的商品或咨询相关的问题。实际上,现在用户很少看微信公众号,一旦企业经常推送图文,反而会引发用户反感。

误区三,放置京东、淘宝、京东电商店铺二维码。随着京东"618"、天猫"双11"、淘宝"双12"、当当"423"书香节等电商平台发起的系列大促玩法,传统企业也开始认识到电商的重要性,慢慢把企业商品上的原官网或微信公众号的二维码更换为电商店铺的二维码,以此开始进行企业的"触网行动",也即是正式向外发声企业进入互联网领域。图 7-34 就是直接在商品包装上打上了淘宝店铺二维码。这样做,固然对企业转型升级是一大利好的做法,同时也带来另外一个问题,就是用户必须先有淘宝账户,并且要开通支付宝,才能扫码进入企业的淘宝店这样无疑提高了用户参与的门槛。有一个不争的事实是,使用微信比淘宝更加刚需。通过艾瑞网提供的数据,如图 7-35 所示,微信的用户量将近淘宝的两倍,提升了用户参与门槛,不利于获取流量。

图 7-34 商品包装上的淘宝店铺二维码　　　图 7-35 艾瑞网 App 应用排行

误区四,把企业 App 应用下载的二维码放在商品包装上。今天用户越发强烈地要逃离 App 时代,自从 4G 网络以后,手机就成为了万能的神器,手机可以刷码登机、高铁安检进站、购买商品、银行转账等,手机上下载的 App 就开始越来越多,内存越来越不够用,用户开始反感下载各种 App,更何况下载需要稳定的网络环境。站在企业角度,这种做是成立的,但实际上用户的认可度不高,就需要不断改进。

误区五,把抖音二维码印制在商品的包装上。抖音很火,但还处于媒体向商业化升级之路上，还不足以支撑企业品牌宣传、用户关系管理、商品交易、私域流量池、个性化开发等综合需求，抖音在企业全域性私域流量池的打造上还有待进一步提升，它与微信生态还有一定的距离。

以上五大误区，值得企业管理者思考并及时调整，把重点放在小程序上，任何用户均无须下载、安装、注册、关注，微信扫码很便捷，扫码即留存，是商品上最重要、最有价值的流量入口。

2. 附上一份精心准备的小礼品卡/领红包

当用户通过商超或其他渠道买到商品，此时就与用户产生了强触点，如果在商品包装中放置小礼品或领取红包，往往能带给用户意外的惊喜，用户识别小程序码即可进入企业的小程序，为小程序获取一个高价值用户。

3. 告诉用户商品背后的神秘故事

网络上流行一句很有意思的话："虚虚实实，看穿不说穿；真真假假，看透不说透"，它本来是用于表达人性，今天可以用于小程序导流方法上。优秀的产品都是熬出来的，每个深受用户青睐的好产品背后都会有一段至暗时刻，可以通过精心设计把它做成一个可以疯传的精彩故事，并插入小程序焦点位置上。

把小程序码印制在商品包装上，通过"不为人知的至暗时刻""小创新，大代价""这是我的故事"等这样的语言激发用户的好奇心，引导用户扫码进入小程序。

4. 精心设计表达诚挚谢意的卡片

虔诚的谢意，往往能收到意外的惊喜。技术的创新，表达谢意的方式随之迭代，现在很流行"电子卡"，企业可以把对用户的谢意录制成语音、视频等形式，融进小程序，再设置一个专属的收听密码，用户扫码进入指定小程序页面就能看到对应的内容。例如，花点时间小程序设计了一个"电子卡"，赠花人可以把自己想说的话用"电子卡"传达给收花人，这样做可以为小程序新增了吸引力，还可以吸引收花人进入小程序。

5. 悄悄为用户准备一份生日礼物

无论是以何种渠道购买的商品，用户只需要扫商品上的小程序码，就能获得一份生日小礼物，用户只需要填写个人生日时间就能在生日当天收到精美的小礼物。在赠送生日礼物时，千万不要较真，要明白"水至清则无鱼"，比如用户不需要填写身份证号，不需要身份证照片，就会出现用户填写假生日时间；反之，必须要让用户填写身份证号或提供身份证照片就会触动用户敏感神经，多数情况下用户对隐私的重视远远大于礼品的诱惑。

作为管理层或运营者，始终明白"借假修真"的逻辑，借助生日之名为用户赠送精美的生日礼物，实则是为了与用户建立连接，为小程序导流，为小程序运营提供用户数据。

"生日"是很容易激发用户情感连接，只要运用得当，会让企业的小程序在用户心里有很重的分量，用一次生日礼物即可获取十次小程序高频访问。

7.1.6 用户数据——为企业小程序赋能

激活企业数据库,为小程序进行流量赋能有以下几种方式。

1. 短信触达

企业在发展过程中会有相关的工具记录用户历史数据,其中非常有价值的一项是短信。虽然现在用户已经不常看短信,但无可置疑的是,它仍然还是有效果的。只要发送的信息让用户深知这条信息是他使用的商品品牌,这条信息是告诉他小程序上线了,为感恩老客户的支持,全场买一赠一,就能大大提升小程序的打开率。

2. 邮件触达

电子邮箱是上班族和商务人士办公必备的通信工具,如果企业有老客户邮件,可以写一份"福利信"或"会员通知"等类似的形式,附上带有小程序码的海报,发送至老客户预留的邮箱。如果企业过往有经常与老客户高频互动的意识,也有大量的实际行动,这种方式很有用;如果一年的互动不超过 3 次,用户就会产生陌生感,邮件打开率就会急速下降,扫码进入小程序的概率也会随之大减。

3. 图文触达

与短信和邮件相比,微信公众号的效果更胜一筹,只要用户关注了企业的微信公众号,就可以通过用户对应的标签定向发送带有小程序码的图文信息。为了提升图文打开率,企业要从标题、内容、噱头等细节做足功课。

(1)关于标题,要激起用户点击欲望。

标题写法有很多种,下面重点介绍五种见效快的方式:

方法一:反问式。质问语气,形成压力,如"偏偏是我要化妆"。

方法二:疑问式。引发质疑,充满好奇,如"你会这样化妆吗"。

方法三:省略式。故作断链,想看结果,如"化妆十年,却……"。

方法四:能量式。人文关怀,幸福晚到,如"原谅这么晚送来的惊喜"。

方法五:反差式。逆反常识,想看究竟,如"自动发福利的小程序,第一次见"。

以上五种标题写法归根结底是人性与心理起主导作用,用心探索人性,观察用户心理,就能让小程序因标题吸引人而使点击率骤增。

(2)关于内容,要符合用户现实需求。近年微信公众号的影响力稍有下降,用户因关注的公众号过多而产生视觉疲劳。标题把用户带进图文页面,需要通过内容激发用户阅读,好的图文要做到三点:文字最好不要超过 1 000 字,说重点;用编辑工具进行美化,更悦目;有创意地实现图文并茂,用户愿意看完。

(3)关于噱头,要有明确的利益驱动。被大量广告与营销骚扰后,用户有点厌烦,只有像无门槛优惠券、红包奖励、免费领取礼品等这些明确的利益亮出来,才有识别小程序码或点击图文中小程序卡片的动力。

4. 微信触达

这里讲的微信触达，不同于微信公众号，重点是指微信个人号、微信朋友圈等这些社交性途径。无论是传统企业还是互联网企业都意识到，微信个人号渗透力更强，可以更好地触达用户，只要用户与企业客服微信是好友，就有私聊、朋友圈、群发、聊天置顶、强提醒等多种高效触达方式，无论是推送小程序卡片还是小程序码都是可以做到精准触达。

5. 门店触达

线上快节奏的购物，线下慢节奏的体验，门店最大的优点是给用户贴心的服务体验，用门店海报、工作人员介绍等方式引导到店的老客户扫码进入小程序，每天很轻松就能"收获"几百人，遇到大型活动时甚至可以导入上千人的流量。

如周末的时候，朝阳大悦城、万达广场等大型商场依然是人满为患，线下随手可得、随时试穿、闺密同行、家人同乐、喜笑颜开、逛街快感等超物质的体验是线上无法替代的，更重要的是线下进店用户不方便像在电商平台那样进行海量竞品对比，更容易被服务人员引导到小程序上下单、享受优惠，既能提升用户满意度，还能获得一个复购型潜在用户。

有些连锁性实体企业，如果同时用小程序进行线上线下活动，就有可能塑造一个现象级的热点事件。

6. 社群触达

有些企业入驻或搭建了社群体系，如宝宝树、美柚等，可以把社群体系的流量导向企业小程序，通过下单提示、支付通知、活动通知、咨询入口等通道向用户发送或触发信息。

小结：每家企业都有天然的流量基因，本节详细讲授了企业自带的六大隐形流量入口，分别是品牌光环、实体体验、渠道融合、企业媒体、产品触达、用户数据，充分激发传统企业"沉睡"已久的流量势能。

7.2 企业小程序广告投放的有效途径

在充分激发企业自带的六大隐形流量入口后，小程序所需要的种子用户基数就有了，这种规模化核心是验证企业小程序战略及商业模式的可行性，验证不通过就要继续调整，验证通过就要快速进入规模化运营阶段，抢占流量红利。微信广告是验证可行性的最优选择。

微信广告是企业小程序快速获取流量红利的第一条付费通道，其优点是依靠微信生态，让企业小程序主动且高效触达精准用户，达到品牌曝光、获取用户、产品销售的三重目标，只要企业在小程序后台开通了"广告主"，就有投放广告资格了。

微信广告主要有以下三种。

7.2.1 微信朋友圈广告

微信朋友圈是基于微信生态体系，以类似朋友的原创内容形式在用户朋友圈进行展示的原生广告。微信朋友圈广告当前已开放 31 个一级行业类目，只需要符合朋友圈广告准入行业要求，即可投放朋友圈广告。

微信朋友圈广告有两种核心小程序广告投放形式。

1. 常规文案式投放

这种投放形式比较温和，是以文案、图片、文字链（引导用户点击小程序）、视频等方式呈现，就像是好朋友发一条朋友圈一样，如图 7-36 所示，用户在刷朋友圈时就能看到，用户只需要文字链即可进入小程序。

对于有线下实体的企业，还可以展示门店，门店标识位于广告外层的文字链下方，点击可跳转查看门店详情页。门店详情页主要用来详细介绍门店信息，并可以拉起地图导航、一键拨号等功能，进一步向感兴趣的用户介绍门店并引导到店，如图 7-37 所示。

图 7-36　小程序广告投放

图 7-37　带门店标识的小程序朋友圈广告

常规文案式投放适用于以下两种场景：

（1）电商场景。以在线成交为终极目标，适合推广电商活动，配合"双 11""双 12"、企业会员日等活动节点，进行全域推广或区域推广，也可以结合企业梳理的用户画像进行个性化推广。这种场景下，要实现效益最大化，起决定性作用的是明确受益用户、产品效果说服力、成交目标、超用户预期的价格、时间锁定五个关键点。以"作业帮一课数学逻辑提升"为例，以"四年级"作为用户受益对象，然后以"速算题做得又快又准"为产品效果呈现，以"数学特训班"为成交目标、得"5 节课才 9 元"打造超预期的价格，以"11月限时特惠"为时间锁定,如图7-38所示。快速引起了家长们的兴趣,随机点击即可进入小程序下单。

(2)门店场景。以推广门店为终极目标,适合基于LBS发券式活动,通常是定位门店为中心5千米半径为推广范围,发放优惠券吸引用户到店消费。以丽家宝贝掌上旗舰店为例,如图7-39所示,发放30元券,用户点击小程序即可进入领券界面,底部有丽家宝贝掌上旗舰店(香河华联东店)位置标识,吸引用户到店消费,为用户打造线上线下一体化的极致服务。

2. **基础卡片式投放**

基础卡片式比常规文案式更有创意,是直接将文案创意融会到一张卡片中,并且形成灰色标识,如图7-40所示,以更大广告面与强视觉感吸引用户互动。用户从朋友圈刷到该广告后,点击灰色卡片区域可直接跳转至小程序,最大化满足企业的创意需求,使企业的每一个创意都能得以实现。

图7-38 电商场景式投放

图7-39 丽家宝贝掌上旗舰店小程序广告

图7-40 基础卡片式投放

7.2.2 微信公众号广告

当人们把企业微信广告投放目光聚集于微信朋友圈时,却忽略了微信公众号的精准流量魅力,它的转化率甚至超过朋友圈信息广告。一个公众号上的粉丝、用户都是通过运营团队精心打磨的精彩内容一点一滴吸引过来的,凡是关注这个公众号的粉丝、用户,都会有一定的共性,比如分享美食的公众号吸引来的一定是热爱美食的人群,这就比较适合餐饮企业进行广告投放。

企业广告投放的流量从何而来?是开通了"流量主"公众号提供的,所有公众号,只要关注粉丝、用户达到500人以上且符合平台运营规范,就能申请成为流量主,就能接受广告主的广告投放任务。在公众号广告体系中，流量主可轻松实现流量变现，获取可持续收入，并在高价值的内容属性和鲜明的特色下，不断塑造个人品牌，提升流量主的品牌形象。

企业在小程序后台开通了"广告主"，就可以在流量主微信公众号上进行有选择性的投放。

下面介绍在微信公众号投放小程序广告的四种形式。

1. 文章底部广告

公众号底部广告是品牌活动推广的重要途径，通过小程序为落地页，可以帮助广告主实现海量品牌曝光，产生巨大的价值流量。主要的投放形式有下列四种：

（1）图文式。

图文式为左边图片，右边外层文字进行说明，共同构成的广告展示形式。对图片素材要求为：尺寸114px×114 px，大小不超过30 K，支持bmp、png、jpeg、jpg格式；外层文案：标题不超过14个字，描述不超过28个字。

企业小程序刚起步时，可以使用这种方式，用精彩的文字描述品牌实力，提升用户点击进入小程序的欲望，效果比较好。使用这种方式，图片展示空间很小，因此文字力量比图片要强很多。

（2）图片式。

图片式投放形式比图文视觉感更好一些，要求素材尺寸为960px×334px，大小不超过100 K，支持bmp、png、jpeg、jpg格式。图片式投放考验的是图片创意设计的能力，当用户被图片吸引，才有点击的驱动力，进而为小程序带来价值流量。以盼盼官方小程序为例，在投放的广告图片中用了一只可爱的大黄鸭惊喜的表情，激发了不少用户点击小程序，如图7-41所示。

（3）大图式。

在大图式广告投放中，要求素材尺寸为960px×540px，大小不超过80K，支持bmp、png、jpeg、jpg格式。大图式广告投放比图片式投放效果更胜一筹，有足够的图片展示空间，体现商品的卖点，使用户点击进入小程序的兴趣度更高。

这里有一个提升投放效果的小技巧，拿出小程序中的爆款或者有爆款潜质的单品，配合拼团、秒杀等活动，再加"大额优惠券"让人产生无法拒绝的力量，达到"一箭穿心"的投放效果。还是以盼盼拼拼小程序为例，如图7-42所示，选了"华夫棒"这款爆品，用"两人拼团"，设计了"满118元减39元""满69元减20元"两大优惠，通过这些节点的规划，为用户设计了从激发兴趣到购买的整个路径。

此案例中的路径为：看到大图广告→进入小程序→领取优惠券→发起两人拼团→拼团成功。

(a)   (b)

图 7-41　图片式小程序广告投放

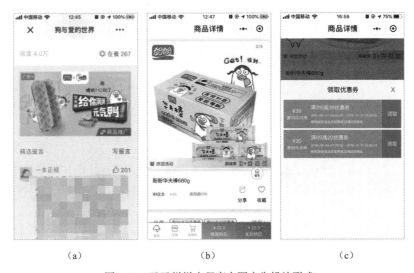

(a)   (b)   (c)

图 7-42　盼盼拼拼小程序大图广告投放形式

（4）视频式。

视频式广告投放，难度要比前三种形式大一些，在短短的 30 秒内突显小程序或小程序中某个单品的价值主张，还要击中用户的痛点。对投放的视频有严格的要求：尺寸为 960px×540px，大小不超过 3.4 MB，以及视频长度为 6～30 秒。

2. 公众号文中广告

微信公众号文中小程序广告投放形式比文章底部广告要简单一些，主要有以下两种形式：

（1）图片形式。

以图片展现形式投放小程序广告，对素材的要求为：960px×540px，大小不超过 80KB，支持 bmp、png、jpeg、jpg 格式。特别适用于电商、品牌小程序广告主进行商品推广、品牌推广，16∶9 大图形式利于展现与传达更多商品、品牌，小程序落地页为广告主提供了更强的粉丝转化和沉淀能力。以 vivo 小程序为例，选择了用图文形式，并选择了年轻人集中的一些公众号，推广 vivo S5 手机，以小程序为落地页，完成推广计划，如图 7-43 所示。

图 7-43　vivo 小程序广告投放

（2）图文形式。

这种形式非常适合推广小程序电商或小程序商品。关于对素材的要求，图文形式与图片形式是一样，这里不做赘述。唯一的区别是，图文形式比图片形式多了文字描述部分，最终也是以小程序为落地页，进行流量承接。这种推广引导性比较强，更有利于吸引用户点击，吸引的手法是通过文字魅力实现的。

3. 文章视频贴片广告

文章视频贴片广告拥有具象、简洁、兼容多元化展示物料的特点，十分适合对用户进行入口告知。在视频的带动下，可以更好地吸引用户的注意力，增加用户广告停留时长，其展现形式主要有以下两种：

（1）图片广告。它是以 5 秒图片的形式展示小程序投放广告，要求素材尺寸为 690px×388px，且大小不超过 80KB。

（2）视频广告。当用户观看视频时，会有 6 秒和 15 秒两种展示形式，对格式要求比较严格，要为标准的 MP4 格式。

4. 公众号互选广告

微信公众号互选广告是广告主和流量主通过微信广告平台双向互选、自由达成合作的一种投放模式，广告创意呈现在公众号文章内。

根据与流量主的合作深度，互选广告支持两种合作模式：广告推荐模式、内容定制模式。

关于广告推荐模式，需要了解以下几点：

（1）广告推荐是支持流量主在文章末尾植入广告宣传语及广告卡片。

（2）广告宣传语作为本次推广想要传递的核心信息，将作为文章内容的一部分放置在广告卡片上方；文章主题及内容无强制要求与广告相关，文章内容经过预览后无须审稿确认即可发布。

（3）广告推荐按合作文章进行收费，且流量主会设置承诺曝光，完成承诺曝光，即按照约定价格进行收费，多余的曝光为赠送曝光；未完成承诺曝光，则按比例进行收费。

关于内容定制模式，需要了解以下几点：

（1）内容定制指的是流量主的文章主题、内容均为广告主定制化撰写，文章末尾亦有广告卡片。

（2）内容定制双方可就内容合作的具体需求进行沟通和协商；文章内容经广告主审稿确认后方可发布。

（3）内容定制按文章进行收费，无承诺曝光。

5. 返佣商品 CPS 广告

公众号返佣商品广告可以帮助广告主以最高效的方式推广商品，广告主通过返佣商品 API 同步小程序内商品并设置佣金比例后，商品即可插入图文任意位置，当商品实际成交后将会按照广告主设置的佣金比例扣去相应的广告费用。

这种返佣商品推广方式最大的亮点是为快速直达小程序且按照实际成交付费，企业投放的成本与风险接近于零，因此深受各企业追捧。

这种广告呈现形式有两种：一种是大图展示的海报式，如图 7-44 所示，适合推广小程序单品；另一种是列表式，如图 7-45 所示，适合同时推广多个商品。

图 7-44　海报式商品广告

图 7-45　列表式商品广告

7.2.3 微信小程序广告

随着小程序日活量骤升,微信小程序广告开始效果显现。

什么是微信小程序广告?它是一个基于微信小程序与小游戏生态,利用专业数据处理算法实现成本可控、效益可观、精准触达的广告投放系统。

广告位于小程序页面内,由小程序流量主决定实际播放位置,流量场景丰富多样。

微信小程序广告分为三种,分别如下。

1. 小程序 Banner 广告

小程序 Banner 广告,展现形式有尺寸为 960px×334px 的图片与 640px×316px 的图文两种,用户通过图片与图文两种入口进入广告主的小程序。

小程序 Banner 广告展现场景由小程序流量主自定义,根据流量主小程序的特点,灵活设置展现页面与位置。Banner 广告的常见展现场景为:文章页 → 文章末尾、详情页→页面底部、信息流→信息流顶部或信息流之间。

2. 小程序激励式广告

小程序激励式广告是流量主结合不同小程序,提供用户参与获益的互动广告形式,通过激励合理引导用户查看视频广告。通常是给予查看广告的用户积分 / 金币奖励、解锁新功能、通关 / 进阶、道具体验。

3. 小程序插屏广告

小程序插屏广告是指小程序在特定场景切换时以卡片方式弹出的广告形式。

弹出的广告是以 16:9 样式与 960px×540px 的图片呈现出来,当用户触发流量主指定场景时,插屏广告就会自动向用户展现,同时支持用户随时关闭插屏广告,如图 7-46 所示。因为是插屏模式,建议简单直接推送活动内容,点击率会更高。

以上朋友圈、微信公众号、小程序三种小程序广告投放渠道中,建议先从微信公众号底部与中部广告开始测试投放效果,通过投放得出的真实数据勾画用户画像,找到精准的投放策略,达到满意的 ROI(投资回报率)。因为在微信公众号上进行广告测试的风险与成本最小,有利于风控管理。

图 7-46 小程序插屏广告

7.3 提升小程序流量留存的核心秘诀

决定小程序能"走"多远的因素是流量的留存与转化,本节重点讲授如何快速把企业自带的六大流量入口与微信广告带来的流量快速留存下来,从入口、呈现、促销活动、推荐、特权五个维度梳理五个行之有效的方法。

7.3.1 入口锁定模式——我的小程序

小程序越来越多,用户在使用微信过程中,因好奇心或广告因素,还会偶尔随机点击,这些被点击过的小程序会全部在用户"最近使用"里记录下来,但它们很难被用户二次唤醒。这里可以通过"我的小程序"这一简单好用的方法,让你的小程序在密密麻麻的任务栏中成为用户二次进入的首选。

在微信中,"微信小程序"相当于过去传统电商平台上的"收藏",是用户二次唤醒小程序的重要途径,而且还可以通过"我的小程序"达到入口锁定的目的。当用户把你的小程序放进"我的小程序"后,用户只需要在微信聊天界面轻松用手指一拉就能找到"我的小程序",也就可以快速找到你的小程序,进行二次访问与消费。

采用以下操作流程,为你的小程序建立流量留存的第一入口。

(1)在你的小程序首页头部设置一个激励用户收藏小程序的提示。例如,可以放一张"收藏小程序,领取无门槛优惠券"的提示语,如图 7-47 所示。

在运营小程序过程中常常会设计多种优惠券,建议为收藏有礼配置活动奖励的时尽量单独新建优惠券,并设置足够多的库存,避免混淆,同时保证用户体验。

(2)开启用户首次进入提示,用弹窗引导,提示时间保持 1 秒内即可,告诉用户如何快速把你的小程序放进"我的小程序",如图 7-48 所示。

图 7-47 收藏小程序领取优惠券

图 7-48 添加到"我的小程序"

(3)通过微信公众号关键词回复、人工客服、微信群、直播间等渠道引导用户将你的小程序放进"我的小程序"。在引导过程中,要有耐心,有很多下沉市场的用户虽然玩微信很多年,但对小程序还是有些陌生,他们连自己是怎么进到你的小程序的都不知道,可能是一不留意点击了朋友分享的小程序卡片或者是微信群里无意间点击的,各种基础问题都会出现。越是遇到这样的问题,服务人员越是要克服浮躁,教用户一步步操作,既能完成用户留存,还能以细致的服务提升用户体验,为用户二次进入小程序建立良好的唤醒基础。

(4)用海报、客服等方式引导高频互动的用户,将你的小程序从"我的小程序"中置顶,让你的小程序永远排在用户常用的小程序列表之首。由于苹果系统与安卓系统的不同,操作方法也不太一样。

①苹果系统操作方法:进入"我的小程序",选中常用的小程序,点击"移到最前",即可完成操作,如图 7-49 所示。

②安卓系统操作方法:进入"我的小程序",选中常用的小程序,按住不动,移动在"我的小程序"列表首位,松开手指即可完成操作。

"我的小程序"列表只允许放 50 个小程序,小程序的流量留存比获取更难,将辛苦获取的流量趁热引导用户将你的小程序加入"我的小程序"并完成"置顶"动作,顺利完成重要的留存"工序"。

图 7-49　小程序置顶操作方法

7.3.2　时刻呈现眼前——添加到桌面

随着移动互联网的发展,用户的时间被加速碎片化,要花更多的时间来思考如何抢占用户的碎片时间,将用户的注意力转移到小程序上,这里除了 7.3.1 节讲到的"我的小程序",还有一种更快速的方法,也就是"添加到桌面"。

该操作方法很简单,首先选中要发送到手机桌面的小程序,然后点击"..."并选择"添加到左面",再继续进入"添加到主屏幕",最后选择"添加",就可顺利添加到桌面,如图 7-50 所示。

图 7-50　添加小程序到手机桌面

温馨提示："添加到桌面"是用户进入小程序最快捷的入口，但有一个缺点，仅适用于安卓系统的手机，苹果手机暂时还无法操作。

7.3.3 不曾遗忘念想——到期的红包

小程序用户留存的第三种方法是通过服务通知向用户发送"到期的红包"提醒，凡是领取了红包的用户一定对小程序有兴趣。

在小程序运营体系中，"红包"被概念化，它不仅包含现金红包，还包含优惠券、卡券等。企业往往为了更快地获取流量，会给新用户赠送专享券，如图 7-51 所示，或者新人大礼包，如图 7-52 所示。

图 7-51 新人专享券

图 7-52 新人大礼包

给用户发送红包需提前做好运营定位，要思考红包多久内使用率最高，为红包到期设定有效时间，这个时间可以依据行业的不同而自行设定，如珠宝类产品时间可以长一点，餐饮类时间可以短一点。在红包到期前提醒用户进入小程序使用，通常这个时间设置为 2～3 天比较合适，如图 7-53 所示，最长不要超过 5 天，太久了用户就不重视，效果大打折扣。

图 7-53 小程序红包到期提醒设置

7.3.4 还是你最懂我——个性化推荐

保持对用户的高度关注,实时为用户提供感兴趣的个性化内容,也是用户留存的关键。笔者花了大量精力研究了个性化推荐与用户需求的对焦程度,发现今天大数据、云计算时代推出的个性化推荐更多是企业思维,离真正的用户思维还是有点距离。

为什么这么讲,我们换位思考下,作为用户,如果你已经启用云计算与大数据的小程序上消费或点击过某个商品,是不是次日或者其他不定时就给你推荐相关或类似的产品,其实这很有可能只是被广告、朋友引导才点击,你并非真正需要或有意愿购买该产品。

因此,个性化推荐讲起来很容易,做起来很难,原因是个性化推荐并不等同于用户心里的那个"需求",更多时候看到的推荐是被用户看成广告,那如何才能把个性化推荐尽可能做得更好,通过不断探索、打磨、迭代,使个性化推荐更加接近于用户的真实需求。这里笔者给大家分享两种简易、实用的方法,一种是数据定格法,另一种是五维分析法。

1. 数据定格法——站在用户角度

以用户在小程序上的历史数据、轨迹为基础,设计"快速领券"入口,通过领券测试用户对产品或该类产品的兴趣度。用户在该产品详情页停留的时间越长,点击"快速领券"的速度越快,说明兴趣度越高,可以个性化推荐性价比更高的同类产品,激励用户消费,感受到企业对其贴心服务的一面,有一种"还是你懂我"的亲切感。

在设计"快速领券"入口的时候,需要启用数据算法,调用用户过去消费品类、消费频次、平均消费额等数据,定向推荐,突显个性化,彰显人性化,把该入口放在首页或商品详情页头图。放在首页主要的作用是引导用户深度浏览商品,如图 7-54 所示;放在详情页头图则是激发用户与该商品产生深度"交互",对该商品或该类商品产生购买与分享等行为,如图 7-55 所示,为下一步个性化推荐奠定良好的基础。

图 7-54　小程序首页领券入口

图 7-55　商品详情页头图领券入口

2. 五维分析法——站在企业角度

数据定格法是以用户历史数据为基础的个性化推荐法。五维分析法则是通过用户画像、市场调研、需求分析、圈层数据、运营复盘五个维度给用户进行个性化推荐。

每家企业都应勾画对应的核心用户群体画像，还要进行市场深度调研与盲测，并与一线销售、运营团队沟通，获取需求数据，通过对同一圈层的用户数据分析及运营盘点得到可以标签化的需求点或共同点，比如对价格敏感度在 200 元以内的人、盲盒入坑者（刚开始痴迷收集盲盒的人）、对紫色由衷青睐、典型的"书虫"等。

标签化是个性化推荐的核心牵引力，当用户与小程序交互过程被机器人记录与分析后，会自动对其打标签或进入已建标签。冰冻三尺非一日之寒，个性化推荐也非一蹴而就，而是要有一定的数据积累、技术研发、大量资金、时间沉淀，大多数企业可能短时间内还无法同时具备这么多条件，建议可以考虑采用标签化。

数据定格法与五维分析法可以同时进行，通过个性化推荐的不断迭代，逐步提升用户的留存率与活跃度。

7.3.5 限时赠送特权——不浪费资格

限时向用户赠送物质或精神上的特权，让用户具有成就感和炫耀感，也是巧妙提升用户留存率的绝佳办法，主要有三种形式。

1. 限时赠送红包 / 优惠券 / 卡券 / 折扣券

直接给新用户定向发送限时失效的红包、优惠券、卡券、代金券等，当用户领取后会直接导向小程序或小程序门店，如果用户没有及时使用，还会通过"微信支付"进行到期提醒。下面以卡券、优惠券为例，讲授限时赠送优惠的使用方法。

以卡券为例，瑞幸小程序给笔者发送了一张"满 24 减 10 代金券"，笔者当时领取了，但并没有立即使用，之后收到"有卡券即将过期"的提醒，点击后进入了"立即使用"界面，一直到达瑞幸咖啡小程序首页下单，如图 7-56 所示。

图 7-56　小程序卡券赠送玩法

再以优惠券为例,用户进入便利蜂小程序,可以随机抽到一个优惠奖,并领到3张"7.9折"优惠券。优惠奖就是购买"7.9折"券的应付资格,笔者参与测试,得到的是0.01元,支付后就能获得优惠券,有效期为28天,用户拿到券后可以用小程序或到门店和蜂小柜使用,如图7-57所示。

图7-57 小程序优惠券赠送玩法

2. 限时赠送礼品/购买权

有些用户喜欢更实际一点,这时可以用限时赠送礼品或购买权,用户能够更快捷地感受福利,提升用户的留存率。

(1)限时赠送礼品。

礼品赠送已经是屡见不鲜,直接在小程序后台的商品中选择商品或重新上传商品为赠品,为赠品设定好相应的有效期、每人限领次数等,如图7-58所示,然后在小程序首页或"个人中心"放置入口,供用户领取。

限时赠送礼品的玩法是否成功,与赠品的价值大小有直接关系,例如一个服装类的小程序以市场价为3元的鞋垫为赠品,用户会觉得没有什么太大意义,也就没有多大兴趣领取礼品了;反之,如果仍然是一个服装类的小程序,赠送一套市场价值为100元的干洗清洁剂,用户领取率会明显高更多。

(2)限时赠送购买权。

赠送特价权,对用户限定时间开放特定商品购买权,其他时间不售卖或只有高级VIP才能购买。这种方式比较适合活动型运营,如"双11""双12"、中秋节等,选定特定的用户标签,他们可以在特定时间内购买该商品,设置方式如图7-59所示。这种方式有点类似小米手机的运营模式,用户只有抢到小米的"购买权"才有资格购买小米手机,能很好地提升用户对小米手机的关注度以及在小米网站的留存率。

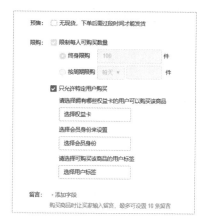

图 7-58　小程序赠品参数设置　　　　图 7-59　限时赠送购买特权设置方式

3. 限时赠送会员 / 高权益

该方法是基于精神层面的会员级别或权益，操作方法是设计完整的会员等级与对应权益，把过去需要一定自购消费额或推荐消费额才能升级的会员级别在特定的时间内实行极低或免费的准入门槛。例如，一名用户想在某美妆类小程序上购买一支特别喜欢的迪奥口红，但其价格偏高，且商家要求必须达到累计消费 500 元成为金牌会员才能享受 7.5 折。咨询客服后，客服认为这名用户具有一定的忠诚价值，免费赠送给其金牌会员资格，有效期是一年，用户很开心买到了喜欢的口红，而且还收获了金牌会员资格，这种意外之喜给其带来成就感与炫耀感，产生把该小程序分享给更多朋友的驱动力，也达到了提升用户留存率的目的。

小结：本节从小程序入口锁定模式、时刻呈现眼前、不曾遗忘念想、还是你最懂我、限时赠送特权五个方面系统讲述了提升小程序流量留存率的实战方法，可即学即用。

7.4　三层实现小程序流量快速转化

前面分别讲述了企业自带流量、广告投放、用户留存的内容，本节将系统讲授小程序运营终极目标，即流量快速变现的三种方法。

7.4.1　需求层——直接推商品

基于用户需求层，直接向用户销售高性价比的产品，靠商品差价实现盈利。商品差价是最常见的方法。供大于求的消费背景下，用户越来越挑剔，除了产品品质与性价比之外，最重要的是"怎么卖"这一途径，只有采用用户喜欢的方式把产品呈现在用户面前，用户才有可能买单。当下比较流行且用户喜欢的售卖方式，主要有以下三种：

1. 矩阵式销售模式

"微信公众号＋直播号＋小程序＋群活码"矩阵销售模型，利用微信公众号较强的连接能力，将开发或引用的第三方小程序直播平台、企业小程序用微信公众号的自定义菜单融合在一起，再利用微信公众号的自定义关键词回复，提示用户到微信公众号点击直播号、小程序。

完成微信公众号、直播号、小程序融合后，开始启动群活码，可用于推广多个微信群营销的活码，适用于线上线下推广后，用户自动分流入群的场景，配合场景营销，比如新品发布会、会员案例分享会、会员日答谢会等。接下来，定期用"微信群＋微信公众号"把用户聚起来，利用小程序营销工具、直播平台创新用户入口，用户通过微信公众号或微信群快速进入直播间，利用主播的感染力与带货力把用户引导到小程序进行销售转化。

微信群在流量转化过程中起到很关键的工作，是发挥"羊群效用"的场景，通过直播预告、噱头渲染、激励机制等一系列动作可以带动一部分人先关注直播，先动起来的一部分在群里活跃度又会影响更多人。当活跃度达到一定的高度后，可以开始自动群裂变，比如凡是邀请2人以上入群的可以获得最高100元的红包奖励或价值1000元的精美礼品，裂变的群多了以后可以用群管工具，用机器人协助管理，可以做到"百人百群"庞大影响力，同时100个群，每个群100人同时把直播间人气引爆，超高人气会使小程序的转化率更高。

温馨提醒： 微信群超过100人后无法直接扫码进群，只能邀请进群，解决方案是将每个群控制在100人以内，需要提前准备多个空群，每进群100人自动换新群，从而有效管理所有人。

2. 众筹式销售模式

在矩阵式销售模式顺利启动后，就会有一定数量的成交用户，对小程序已有一定的信任度，就可以考虑启动众筹式销售模式了。

现在很多传统企业，因团队老化，对年轻人的需求变化感知迟缓，导致产品创新难以快速对焦用户多元需求，这种情况下，可以采用"预售＋众筹＋开源思维"模式。在执行这种模式前，需要先完成三个动作：①开发一个可以进行需求拆解与分发的小程序；②设计配套任务与结算模式；③一整套的工作进展汇报与监督体系。

这种模式具体运营逻辑是，先通过小程序做产品的开发需求调研，以用户的真实使用感受为出发点，让用户提出真实的产品需求，工作人员汇总后形成一个"产品开发需求单"，梳理无误后发送到"任务发布"小程序上，有兴趣并有能力完成任务的个人/企业可以申领任务，工作人员审核达标后在线自助签约，进入企业"众包任务管理"，以约定的任务完成进度支付相关费用。

此时，同步启动"众筹"，把小程序上该产品研发及上线计划实时进度告诉用户，用户可以参与产品众筹，为了激励用户参与，可以设置"三阶众筹"。

这里的"三阶"分别是，第一阶为试用版，数量小且价格低一点，如只众筹100件，以销售定价的10%订购；第二阶为正式版，数量与价格都可以提高一点，如只众筹500件，以销售定价的30%订购；第三阶为量产版，数量与价格进一步放大，如众筹100件，以销售定价的50%订购。在众筹界面，限时三种参与形式，用户可以自愿选择其中哪一种。

为什么要使用"三阶"？第一阶是测试产品的吸引力，第二阶是快速回笼资金，第三阶是引爆市场，开始大规模宣传。

温馨提醒： 这种模式成败的关键点是众筹资金回笼速度与产品众筹费用支付的平衡，一旦产品众筹费用的支付超众筹回笼资金速度，可能会造成现金流危机。为了预防这种情况的发生，建议使用"重推（众筹进展）紧盯（研发进度）"，还要加强与已经参与众筹用户的沟通，避免用户在收到产品前产生急躁、不满情绪。

3. 平台式销售模式

现在市场上已经出现了不少小程序孵化平台，这些平台可以提供技术支持、营销插件、运营托管、资源协助等系列服务，企业只需要把小程序后台给他们，他们会有专人运营。对于已有小程序，且已经在用渠道推广小程序，但迟迟未找到合适的运营团队的企业，可以考虑采用这种方式销售产品，帮助企业更好地把前期辛苦积淀的流量进行变现。

这种方式只能在过渡期使用，一旦小程序运营团队配齐就迅速收回来，因为企业最终还是要打造"私域流量池"，要把渠道商、线下门店、小程序、微信公众号、App等打通，形成完整的协同闭环系统，现在把小程序交由第三方平台并非长久之计，也不利于"私域流量池"的推进。

7.4.2 特权式——先推其会员

基于用户特权层，是把小程序视觉与体验打造好，用产品吸引用户，靠推会员，收取会员费盈利。具体操作方式如下：

首先，要集中资源让小程序设计足够有调性，具有强视觉冲击力。

其次，在小程序上给所有商品显示两种价格：一种是正常销售价；另一种是价格极低的会员价，低至接近成本价，甚至比成本价还低，形成明显的价格对比，让用户"一见倾心"。

最后，设计会员特权并将会员订阅入口放在小程序首页与个人中心，明确告诉用户只要成为会员，即可享受特价权。

用户直接购买会员卡，常用的是月卡、季卡、年卡，用户付费后就能享受特价权，会员卡不仅仅是流量变现，还能为实现用户终身价值、商品复购、口碑裂变代价较大的价值，因此建议门槛不要太高，建议月卡不要超过50元、季卡不要超过90元、年卡不要超过200元，尽量吸引更多用户成为付费会员，把小程序流量池与资金链做到最佳状态。

7.4.3 平台层——双边平衡法

平台层比需求层、特权层更复杂一些，因为它要整合第三方资源为小程序用户提供优质服务而使用的双边平衡法，一边是用户多元需求，一边是产品供给生态。

要尽可能为用户提供"多、快、好、省"的极致服务，多选择、速度快、服务好、更省钱，是小程序流量变现所追求的重要变现途径，其中，"快"可以与同城、顺丰等快递合作实现，"好"可以用人工智能来提升，"省"可以通过爆品设计、众筹形式、营销组合来实现。

对于品牌企业，难以解决的就是"多"的问题。这里推荐一种好用的解决方案，即与品牌商合作，共建产品供给生态，为用户提供优质的产品。

现在的品牌商也愁销路，只要你的小程序有较强的获客能力，可以与品牌商谈合作，让品牌商成为你的供货商，或者成为品牌商的代理商，好处是可以利用知名品牌的力量提升小程序的信任力，与你的产品形成合力，建立更强的竞争优势，也给用户更多的选择。

在使用这种方法时，或许你还有所顾虑，怕引发品牌商品与企业自有商品的竞争。对此，大可不必担心，因你选品时就考虑到要与其形成合力，是产品上的互补关系，协同提升小程序更高的转化率，品牌商才愿意合作。

本章小结

从企业小程序自带的六大隐形流量入口、企业小程序广告投放的有效途径、提升小程序流量留存的核心秘诀、三层实现小程序流量快速转化四个方面深度讲授构建小程序流量闭环的方法，希望能给读者朋友带来启发与相关的辅导价值。

第8章

企业小程序互动营销——设计高频互动

小程序长线运营制胜的终极武器，就是经营用户关系，本章将讲授小程序互动的五大要点、四个技巧，让企业管理者学会与用户有效高频互动，快速建立用户强关系。

8.1 小程序互动的五大要点

建立小程序高频互动需要借助内容、工具、数据，从用户认同感、存在感、参与感、新鲜感、炫耀感五个要点精雕细琢，使用户对企业的小程序"上瘾"，每天情不自禁地进入小程序逛一逛，与客服聊聊天，顺便完成购物。

8.1.1 认同感——实现价值观同化

认同感很重要，许多人能走在一起，是因为他们互相认同。对于小程序，认同感的建立就是从精彩故事、专业知识两个重要维度实现价值同化过程。

1. 精彩故事引发认同感

故事不仅是一种艺术创造形式，更是一种异于逻辑和数据的思维模式，这种模式可以塑造一种具有亲和力、深层次的认同感，让用户对小程序高度认可。例如褚酒酒业小程序，如图8-1所示，在众多用户心里"褚酒＝褚时健"，褚老传奇的一生就是一部精彩的励志故事，他的一生起起落落，无论多曲折从不抱怨。一位70多岁的老人竟然带病创业，仍然迈着沉重的步伐奔向梦想，为社会创造更高的价值，给现代人积极的正能量，褚酒所代表的创业精神、永不言弃的使命感，引发了用户的共鸣，塑造了极强的认同感。褚老的故事与其所代表的精神远远超出了产品本身的价值，为小程序赢得了至高的关注点。

2. 专业知识引发认同感

通过一系列专业知识的输出，强化小程序在用户心里的

图8-1 褚酒小程序

专业力。在某个细分领域深耕细作，并以一个个的产品、作品突显专业力，实现用户价值同化，建立强认同感。

8.1.2 存在感——无时不在的证明

现如今，很多人一旦离开手机就会感到孤独、寂寞、痛苦，甚至莫名的恐惧，这是缺乏存在感导致的安全缺失。建立用户存在感，让他们像离不开手机一样依赖小程序，每天没事的时候就想逛一逛。如何建立这种存在感呢？有以下两种实用方法。

1. 坚持每天打卡

打卡看起来已经司空见惯，实则依然有效，目的是培养用户的习惯，引发用户的互动，让用户找到存在感。用户是否愿意坚持打卡，取决于打卡的奖励机制，常见的是奖励积分，但其效果不太好，因为用户认为积分没有太大意义。可以稍作以下改进，积分就能发挥巨大工作。

（1）把"1:100"升级为"1:50"，即50元积分相当于1元。

（2）提升奖励措施，如连续打开7天可赠200积分，用户连续签到1个月或积分达到一定额度，还额外奖励"福袋"，"福袋"是随机抽取。

（3）通过文字提示用户，让用户开启小程序签到提醒，如图8-2所示。

图 8-2 小程序签到提醒

2. 每日励志海报

无论是充满理想气息的工作，还是追求体面的生活，挫折往往多于如意，每天早起上班的路上分享一张满满正能量的励志小程序海报，给自己补充"营养"，保持斗志昂扬。笔者做过一个小测试，坚持一周，每天早上8:00在微信朋友圈发励志类的小程序海报、专业商业模式的知识并附带小程序码的图片各一条，励志类引发的互动频次明显高于知识类。当然，这不是绝对的，如果是教育培训类的小程序，专业知识就显得尤为重要。

用每日打卡、励志海报让用户找到存在感，在形式上很简单，难在需要不停地优化激励措施，让用户持久地坚持下去。

8.1.3 参与感——找到持续参与的动力

让用户在小程序高频互动，"会来事"是妙计，通过无止境地制造有价值的话题性活动，让用户一次又一次的参与其中,可以很好地让用户从陌生感上升到归属感。打造极致参与感,有以下两种做法。

1. 让用户分享他们的精彩事件

通过设计事件参与节点、互动形式、及时反馈、邀约好友、分享收获,让用户生产内容,积极互动,邀请好友一起玩。

2. 设计全年度的节日活动清单

对于小程序互动营销而言,传统专攻低价的促销型营销方式已经越来越难满足日渐挑剔的消费者。消费者的购买动机越来越难以琢磨,尤其是日渐年轻化的消费群体。用节日拔高互动价值,加之中国是人情社会,它开始成为一条提升互动营销的光明大道。

以母亲节为例,作为子女通常都会给母亲发个红包、送个小礼物。其实完全可以颠覆下这种传统做法,设计一个母爱宝盒小程序,它里面可以设计为"想对母亲说的话""为母亲精选的礼物""与母亲合影的最难忘的一张旧照",用户可以进行自定义,但礼物需要在小程序上挑选。如果用户很忙,可以由客服人员协助帮助设计能让母亲惊喜的"母爱宝盒"。这样精心创意设计后,子女与母亲都会对小程序记忆犹新,在该活动节点下经常高频的互动,以此方法继续对中秋节、父亲节等进行创意策划,通过几次的节日,该小程序互动频次就会有质的提升。

8.1.4 新鲜感——总能给你制造惊喜

如果一味地去做商品销售促销,时间久了,用户就麻木了,需要从其他方面制造新鲜感,唤醒用户的互动意识,激发互动的动力。企业可以从以下三种方式尝试制造用户新鲜感。

1. 改变销售形态

以下罗列几种改变销售形态的方向,供企业管理者借鉴。

①从纯电商到线上线下一体化。
②从销售商品到提供解决方案。
③从社交电商到搭建直播体系。
④从单一品类到相关多元矩阵。
⑤从用户自选到个性化的推荐。
⑥从随机订购到按月的周期购。

改变销售形态的方式方法有很多种,这里仅罗列以上六种,引导企业管理者进行思考,可以自由发散思维,找到最合适自己小程序的方向。

2. 改变营销玩法

小程序技术已经很成熟了,可以开发或引用第三方营销工具,定期地改变营销玩法,比如拼团、秒杀、摇一摇、降价拍、找人代付、裂变红包、礼品卡、优惠券、代金券、积分换购、加价购、周期购、订阅会员、大转盘、零元购、限时折扣、特权购、指定赠品、团购返现、单笔返现、分销员、店中店、抢任务、生肖有礼、星座福利、有奖问答等数不胜数的玩法，如何用好它们，让用户有新鲜感，就需要仔细斟酌。建议每种玩法间隔至少半个月，可以让每种营销玩法"新鲜度"久一点。

如果实在不知道该怎么调整，建议列一个年度所有备用营销玩法的清单，选出其中三个企业现在启动的玩法，邀请用户协助参与选择。这里需要设计一个完整的互动、激励体系，比如凡是选择的方式最终被采纳了，可以享受该活动玩法优先参与权，并且比其他用户高一倍的奖励。以返现玩法为例，可以获得多一倍的返现，其他用户只能获得5%的返现，参与选择的用户能获得10%的返现。

温馨提示：新鲜感并非要一定做发明、创造的高难度动作，有时仅仅需要把常用的方法重新组合使用即可。

3. 改变用户关系

通过改变用户关系也会给用户带来新鲜感。用户关系递进逻辑如图8-3所示。

图8-3 用户关系递进逻辑

当用户仅仅是因产品才对你的小程序产生兴趣时，互动频次会明显降低，因为没有更多值得用户投入时间与你交流的价值点；当你通过一系列运营及产品迭代，用户升级为会员后，他因获得了更优质的服务特权，更容易产生些许新鲜感，急迫地想感受下会员专属特权；当用户升级到嘉宾级别，你可以邀请他们到你的小程序直播间分享与你产品有关的感人故事，让他们享受舞台带来的鲜花与掌声，新鲜感与成就会急速升级；当用户在你的小程序上反复浏览、消费、互动时，会与客服人员产生友情，就可以跳出产品之外，交流一些朋友之间的话题，如工作、生活、梦想等，每当闲来无事用户就有想去与客服聊会天，总有一种期待感与新鲜感；当升级到伙伴关系的时候，就会有直接或间接的利益，他们会觉得有一种更强的新鲜感，利益会让彼此之间产生更多的交流话题；当晋级到股东级别，这是价值同化的最高级别了，等于用户把自己的梦想寄托于你，希望通过你的小程序获得更大的成就，对此满怀憧憬，新鲜感也能再次被点燃。

改变用户关系不能过于主观，需要了解潜在需求、创造更高价值、提升管理认知、重建用户关系，这是提升用户深层关系的基石，更是新鲜感的源泉。

8.1.5 炫耀感——你才是电影的主角

如果把人生比作一部电影，每个用户都有一个英雄梦，都希望把自己优秀、厉害的"绝世武功"亮剑于外界，成为主角。用户的这种心理恰好是提升小程序互动可利用的杠杆，撬动他们的高频互动，做法就是设计一个个与用户具有强关联的"闯关式"活动，就像玩游戏一样，让他们获得一个个可以炫耀的证书、勋章、代号等。

还有一种方法是大量采集用户真实精彩故事做成短片，然后在小程序首页开发一个"我是主角""讲出你的故事"等这样的入口，定期迭代，让它与用户息息相关，让用户激动、感动、感恩，产生高频的互动。

小结：本节讲授的是小程序高频互动的五大要素，分别是认同感、存在感、参与感、新鲜感、炫耀感，每个要素都需要精心设计并结合互动结果反复打磨，最终成为一套可全员复制的体系。

8.2 小程序高频互动的四个技巧

8.2.1 让用户享有主动权

向用户释放更多的主动权，让用户可以有更多的选择，与其他小程序有明显的差异性。释放主动权有以下几种做法。

1. 用户自由选择指定的服务人员

有时一个用户因为咨询产品或其他原因在某位客服那里感受到了优质的服务，用户以后都可以由这位客服为其服务。

2. 用户可以自由地设定会员权益

我们可以打破固有范式的会员卡模式，升级为设计会员权益组件模型，用户可以按照需求来组合个性化会员卡。例如，在一个鞋服综合类小程序上，用户可以组合仅限衣服打六折的季度型且每月可领取三张优惠券的会员卡，也可以组合仅限服装配饰打七折且自定义创意的会员卡。这样做可以放大会员权益的营销价值，使其带给用户更多的想象空间与更好的体验。

3. 用户可以自由设定参与公益的形式

随着物质水平及消费能力的升级，社会闲置资源开始成为很多用户面对的痛苦问题，比如买了很多衣服只穿一次或还没拆开就堆在衣柜里，也有一些新书买来就翻了几页就被扔到垃圾桶了。利用这些现状在小程序上设定一个公益入口，用户可以自由选择是否愿意将这些闲置商品作为公益赠送给贫困山区的孩子们，赠送时可以在小程序上把想对孩子们说的话用电子留言卡表述出来，由小程序工作人员进行后期的打印制作处理，让它变得更精美。孩子们也可以把自己的感谢、梦想等向捐献者表述。

通过以上这三种方式为用户提供更多的主动权，让用户感受到小程序的深层次价值，产生更高频的关注与互动。

8.2.2 向用户半开放数据

在不涉及隐私的情况下，逐渐开放一些对用户有价值的数据，让用户在小程序上不仅可以按需购买商品，还能对工作或梦想提供研究价值。这与我们平时所接触到个性推荐有点类似，但有着本质的不同。个性推荐仅仅是给用户提供可能感兴趣的商品或服务，而半开放数据则可以让用户用自己的ID查询一些其可能感兴趣的内容。有两种应用场景：

（1）用户生活场景。例如，用户刚入住某高档小区，想买一把智能锁，关键是要上门提供安装才行。这时，他通过微信搜索进入小程序，看上一款产品却迟迟没有下单的信心，在小程序个人中心看到"找人帮你看"，会提示"同小区已有……人购买了该品牌产品"。

（2）用户研究场景。例如，很多用户是创业者，他们正在或准备用小程序搭建流量池，但因小程序与传统电商大有不同，他们很困惑，很想知道小程序上什么价位的产品比较受欢迎，也想知道该行业小程序的流量转化率如何。这时可以向用户开放一些非机密型的数据，如转化率、互动率、打开形式等，也可以设定一定的门槛，如自购累计或推荐购买达到多少才有数据查阅的权限。

8.2.3 设计互动反馈系统

用户在小程序浏览过程中，给出一系列的互动反馈，激发有效停留，如对产品给好评、回答其他用户的问题留言、分享到朋友圈、收藏到"我的小程序"。

以用户浏览轨迹为基础标出所有可以与用户的互动交互点，设计互动反馈形式及提升反馈内容。具体表现在以下几个方面。

1. 商品评价体系

虽然移动端的用户并没有PC端用户那么关注商品好评，但它是制造用户互动的有效方式，是互动反馈的重要形式。在小程序上，要避免用户动脑子写文字，提前把商品常用的评价文字及表情符号列成选项，用户只需要选择关键词就可以直接对应一条评论，用户可以在此基础上进行增减，降低用户参与门槛。

商品评价只是起点，用户评价的字数及质量，可以对应获取积分或赠品抢购资格等，吸引用户进入积分领取界面就可以继续引导用户参与积分摇奖、换购商品；当用户评价达标后小程序系统会提示领域赠品抢购资格,并给出参与的指导流程,抢到赠品后再次给出反馈,告诉用户"需要自行支付……快递费或现在回到小程序秒杀任何产品即可免快递费,赠品随秒杀的商品一起发货"。

2. 主动留言互动

在小程序首页或用户中心置放一个"留言板"入口,用户可以自愿留言任何建议、不满,甚至吐槽,这不同于常见的意见箱,它可以是任何负面的抱怨,需要安排专业的运营人员及时与用户互动,聆听造成用户吐槽的真实心声。当用户在小程序浏览过程中,一旦因某个原因让其感到不舒服时,就容易产生吐槽的强烈欲望,这里的"留言板"就是用户的出气筒。为了正向吸引更多用户参与留言,可以隐藏或删除一部分极端的留言,留下一部分有价值的留言内容。

3. 回答用户留言

在小程序的"留言板"中,可以邀请用户对其中感兴趣的内容进行选择性的回答,提问的用户看到回答的内容后会与其互动,形成良好的互动反馈。

4. 分享到朋友圈

当用户进入小程序后,可以通过详情页引导用户发动朋友圈好友帮忙选颜色、比价、看品质等看看哪一款商品比较适合自己。其实互动反馈并不复杂,需要从用户心理出发,帮助他们借助关系链去探索答案、寻找帮忙,为小程序带来有价值的高频互动。

8.2.4 设计系统互动反馈

小程序作为技术平台,需要在互动维度加大逻辑性、反馈度的精心打磨,确保用户在小程序操作过程中都有明确的反馈。主要遵循以下两个原则。

1. 逻辑的完整性

(1)单个小程序的逻辑完整性。

当用户进入小程序后,随着感兴趣度的提升,会进入活动页、商业页、类目页等,要通过小程序动作指令引导用户如何再次回到上一级或直接回到首页。在很多人看来,这是很基础的问题,开发者都能想到,其实不然,现实中有不少企业的小程序仅仅把重点放在"营销"环节的用户互动,对小程序系统的互动反馈思考的深度还不够,常常发现进入商业详情页后再想回到首页,就始终找不到操作路径。

(2)多个小程序的逻辑完整性。

有的企业开发了多个小程序并实现了完美地跳转,这里要注意,既要能保证用户流畅地跳转到关联小程序,也要保障还能回到主小程序。另外,不同小程序之间应该是功能的延展或品类的扩充等,它们之间是逻辑的协同关系。

2. 交互的反馈度

因场景或环境的变化，小程序都存在潜在的不稳定性，特别是在信号不稳定、网速不佳等状态下。用户在使用产品的过程中，页面加载等待的情况下，因为不确定具体等待的时间，充满着不确定性，用户极其容易烦躁，此时容易做出关掉页面以及不使用产品的行为。这时可以通过动作、文字的引导，完成系统的互动反馈，比如当用户打开小程序时，因网络不稳定，很久没打开，可以通过系统提示"主人别急，网络不好哦"，提示用户耐心等待。

温馨提示： 互动并非越高频越好，而是要追随小程序运营目标展开，在确保效率和效果的情况下才最好；互动也不是单纯地与用户沟通，产品设计里可以留出很多的互动方法，运营需要在不同阶段去使用这些方法；永远要想办法来确保互动的目的和互动的方法相匹配，最终的验收就是效果是否达成，没有其他的衡量标准。

本章小结

本章从小程序互动的五大要点、小程序高频互动的四个技巧两方法系统地讲述了小程序高频互动的关键点及方法，希望能给企业带来启发与帮助。

后 记
创作与学习都是完美的修行

不忘初心，耐心创作

从 2017 年 8 月份被小程序的"无须下载，即用即走"的亮点吸引后，就对微信小程序产生浓厚的兴趣，开始潜心研究与实践，试图用小程序这项新技术工具帮助更多的创业者、传统企业、电商卖家走出高成本的获客困境，进而升级至数字化商业模式。在研究过程中，向很多的朋友及自己的粉丝分享了小程序未来的商业价值，他们纷纷表示很震撼，但是不知道怎么做，由此我就产生一个想法，把研究的内容与实践得出的经验写成书。

于是便有了 2019 年 4 月出版的第一书《小程序电商运营宝典：平台电商、社交电商全新变现之道》。书出版一年多的时间里，收到了多达 360 多封电子邮件，均是读者看完后的感谢、咨询、建议等内容，这些邮件都指向一个方向，再写一本突破"流量困局"的小程序书籍，帮助传统企业、创业者利用小程序实现弯道超车。于是我就有了创作《引爆流量：小程序运营与推广》的想法。

带着这一初心，从 2020 年 9 月底我开始写这本《引爆流量：小程序运营与推广》，它在第一本书的定位上进行全面升维，从电商运营到构建企业新的商业模式，开启微信小程序流量增长新引擎。为了这本书，我放弃了大量的休息时间，经常通宵，有时一晚上写不了 100 个字，有时删了重写，写了再删，只为打磨出一部好作品，让读者读起来有一定的价值，否则就是浪费读者的时间。本书围绕小程序构建企业商业模式，结合私域流量池、企业爆品战略、黑客式增长、唤醒企业资源等流行的思维打磨了一套帮助企业实现新增长的商业模式。希望读者能认真阅读，也希望它给你们带来启发与价值。

学无止境，用为上策

现在碎片化移动应用，如微信、抖音、今日头条、爱奇艺等，无时无刻不再侵蚀我们的系统化学习时间，让我们成为"知识通"，什么都了解一点，但没有完整的知识框架体系供实践使用。虽然，现在的学习途径很多，像喜马拉雅语音书籍、亚马逊电子书、抖音短视频等都可以学到不错的知识量，但它们都存在一个缺点，它们没有静下来认真读一本纸质书更有实效、系统，因此我建议读者能把新型的学习途径与纸质书协同使用，不同场景下采用不同形式，比如我出差的时候会带两本纸质书到飞机、高铁上看，平时上班坐地铁就看电子书，早上跑步会听喜马拉雅。

真正的知识在于提升我们的认知，不断用在实际工作与生活中才有彰显其价值。我建议，读者在看书的时候能坚持勤做笔记，能够吸引你做笔记的地方就说明是你知识薄弱或最具感知价值的知识点，把标注的笔记与工作、生活联系起来，用它们改进你的行事方式，提升效率。

只要学以致用，读书可以改变我们的命运。我就是读书的受益者，我每年保持读100本左右，涵盖哲学、商业、心理学等，每当我工作上遇到什么棘手的事情，总能从曾经读过的某本书中找到指导思路或解决方案，日积月累的坚持，我的生活质量与工作效率得到较大的提升，不管多忙，我每天至少阅读一到两个小时。

我身边有很多的朋友热爱读书，也有不少因自己不喜欢读书而扬言"读书无用"，这两类人在岁月的洗礼下，会慢慢产生差距。股神巴菲特曾经说过："我的工作就是阅读，读一切可读之物。"

坚持阅读，学以致用，让知识成为你前进的加速器。

浮躁社会，读书养心

读书并非一定就是汲取书中的知识，有时帮你静心会比知识本身更有价值。

互联网改变了我们的生活，同时也破坏了我们原本和谐的关系，比如一家人吃饭，总有几个人盯着手机看，小孩子也开始看抖音，主要原因是互联网建立了信息的"高速公路"，总有新鲜、好玩、黑科技的事物吸引人们的目光，带给人们另一种快乐，同时也会产生另一种负担，比如家庭成员之间的关系变得有些疏远。我们是时候该有静下心来好好恢复家人共度美好时光的意识，在夜深人静的时候好好读一本书，可能就能唤醒你对现状思考的意识，让你下定决心做些改变。

我很热爱读书，也很爱惜我的书，每本书都会平整地排放，时不时地擦一擦，有时也会随机抽取一本再翻一翻，我经常会在晚上10:00后将手机关机，没有任何打扰，也没有看娱乐新闻的欲望，只是翻开一本书，拿起一支笔，静静地沉浸其中，疲乏的时候可以发发呆，让大脑休息下。在这种安静的场景中，书会带你走进对生活、工作的思考，也许你会发现原来某些事情可以用更好的办法处理，原来做那件事是有方法可以借鉴的，如果换种做法，也许结果大有不同。

读书有方法，工具有帮助

如果你觉得看一本书很累，一看就想睡觉，说明你的方法需改进，可以借助工具培养科学的阅读习惯。这里有三款工具可以帮到你：

（1）"番茄钟"工作法。每阅读25分钟休息5分钟，每天坚持阅读两个25分钟就够了，这样也不会很累，也能保持大脑处于活跃状态，对知识的吸收度最高。

（2）365日历或OmniFocus时间管理。利用它们设定每天规定的阅读时间，并会在设定的阅读时间前一小时、半小时提示你按时阅读。

（3）"思维导图"知识管理。看完一本书后，把书合上，尝试依据阅读记忆把书的整体知识框架梳理出来，并把所做的笔记填充进来。梳理完毕后，再打开书看看，哪些地方有误，哪些地方有遗漏，进行完善后，形成最终可使用的知识框架。

与读者同行，共修商业智慧

有缘千里来相会，也许我们的距离还不止千里，却能因本书结缘，这是我修来的福分，心中充满无比的感恩与喜悦。作为一名创业者、创新者、企业顾问，深感梦想对一个人、一家企业都多么重要，也多么艰难，但我们始终都在坚持，默默地为梦想前行，永不放弃。这个社会，需要为梦想而奋斗的你参与进化，前进的路上充满荆棘与未知，阅读可以帮助我们一起以智慧照亮前进的路，能看到远方的灯塔。

无论你在哪里，也不管你叫什么，我们都只有一个称呼"朋友"。

朋友，感恩有你！让我们携手同行，共修商业智慧，实现心中的梦想！

如果你在搭建或运营小程序的过程中遇到什么问题，可以将其发送至笔者的邮箱（2273116460@qq.com），笔者将会为你答疑解惑。

祝你顺利开启微信小程序流量增长引擎！

姜开成

2021年3月9日于北京

鸣 谢

首先，感谢朱华杰老师，他一直默默地支持我，并鼓励我创作。

其次，感谢 Lisa 老师，在本书的出版过程中，给我提出了很多宝贵建议。本书历经多次调整和修改，千锤百炼，才形成如今这个让我满意的版本。

再次，感谢廖桔、刘云华、李海东、梁星宇、王军、吕春维、吕游、陈熙予、冯兵、龙挺等朋友（排名不分先后），他们给我提出了许多宝贵建议，让本书内容更充实。

感谢我的家人，我写作本书时，一心放在写作上，经常通宵达旦，也没有周末的概念，感谢他们的理解与包容。

最后，衷心感谢各位读者，感谢你们对本书的认可，你们的阅读才体现了本书的价值。